思想觀念的帶動者

文化現象的觀察者

本土經驗的整理者

生命故事的關懷者

Psychotherapy

探訪幽微的心靈，如同潛越曲折逶迤的河流
面對無法預期的彎道或風景，時而煙波浩渺，時而萬壑爭流
留下無數廓清、洗滌或抉擇的痕跡
只為尋獲真實自我的洞天福地

心靈工坊 PsyGarden

幸福童年的祕密

Das Drama des begabten Kindes

作者—愛麗絲・米勒 Alice Miller
譯者—袁海嬰

目錄

第二篇

憂鬱與自大：否認自我的兩種形式 71

後記

【推薦序一】

還給孩子一個應有的成長環境

王浩威　作家、精神科醫師、華人心理治療研究發展基金會執行長

「我描述人們的形象，是用他們的歷史作為鏡子。然後，其中許多人的反應是：『這就是我這輩子一直感覺卻說不出來的。』我不要成為召喚信徒的宗師（guru），也不是要人們信仰我。我只是要鼓勵大家認真地對待自己曾有過的體驗。」

愛麗絲．米勒，這位一九二三年出生於波蘭的精神分析家，最為人熟知的，就是她對那些被虐待和被迫終身緘默的孩子栩實的文字描繪，以及，他們在長大後，這創傷又如何繼續對自己、也對別人產生破壞性的傷害。

希特勒就是一個例子。

米勒博士得以聞名歐洲，乃至於西方世界，是她關於希特勒童年經歷和日後性格的書籍《全是為你好：撫養所隱藏的殘酷和暴力的根源》（英譯版書名為*For Your Own Good*）。希特勒是米勒博士筆下，一位典型童年受虐、而日後依附在極端理念（基本教義派式的極端程度），藉此為理智的理由，其實在情感上是以傷害別人來迴避自己的痛苦。

這本德文原著的《幸福童年的祕密》（*Das Drama des begabten Kindes*），是她的第一本書，當然也是她終身關心的兒童受虐問題的第一本書。在過去的中文介紹裡，因為受到英文譯名的影響（直譯為"*The Drama of the Gifted Child*"），而往往翻譯成「天才兒童的戲劇人生」或悲劇之類的。其實，在米勒的筆下，這「天賦」（gift）不是上天賦予或與生俱來的，而是被迫賦予的（gifted）。她指的天賦，是美國心理學家所說的「早熟小孩」或「小大人」（adult child）。

在我們的社會裡，小大人的成熟穩重，甚至主動為父母或老師減憂或減少負擔，一直都是被誇讚的「好」孩子。可是，在米勒的重新詮釋下，這樣的天才或早熟，反而是一種悲劇，是來自父母撫養時經常出現卻自我否認的忽略和殘酷。正因為如此，一九八一年發行的英譯版主書名為《陷在童年的囚犯》（*Prisoners of Childhood: The Drama of the Gifted Child*）。

對米勒而言，早熟、懂事或太早獨立從來都不是好事。這些「美德」其實是童年心理或生理上受虐的後遺症，是長期揮之不去的效應。這也是她一直關心的。「我們不需要任何教人如何尊重小孩心理書籍，」她如此說著：「我們所需要的，是對撫養孩子的方法和對於撫養的傳統看法，有一個全面性的改革。」

米勒出生於波蘭不久，全家就移居瑞士。她主修哲學、社會學和心理學，並在三十一歲那一年，也就是一九五三年，拿到博士學位。同時，她在蘇黎世接受精神分析的分析師訓練，從此成為當地一位執業的精神分析師。

關於米勒所關注的議題，也就是兒童受虐問題，一直是佛洛伊德自身學說遭詬病——特別是女性主義者——的焦點。早年佛洛伊德提出「誘惑理論」（the theory of seduction，其實應翻譯成「誘姦理論」），認為女性成人的很多症狀，其實是源自童年遭父兄或父執輩的性侵害。只是他後來就否認了這個理論，而是探討兒童記憶的虛實。

七〇年代以後，隨著女性運動的崛起，童年性傷害問題再次被注意，許多臨床心理工作人員開始質疑佛洛伊德對誘惑理論的「放棄」。然而，到了八〇年代末，對記憶有更多的探討，不再單純地落在加害人與被害人的二分法裡，對佛洛伊德的這項誤會才稍稍緩解（有興趣的讀者不妨參考菲爾歐·摩倫〔Phil Mollon〕的《佛洛伊德與偽證記憶症候群》，貓頭鷹出版）。

米勒接受精神分析師的訓練時，正是在倫敦的安娜·佛洛伊德（Anna Freud）和梅蘭妮·克萊恩（Melanie Klein）兩位女士將精神分析有關兒童的理論發展到相當成熟的階段。正在受訓的米勒，應該也完整地接受了這方面的訓練。雖然她的路，隨著臨床工作的開展，離正統的佛洛伊德學派愈來愈遠，但是，她從來沒有否認佛洛伊德對她的影響。

米勒的另一本重要作品《你不該知道》（英譯版書名為*Thou Shalt not Be Aware*）原本就是題獻給佛洛伊德一百五十歲冥誕。對她而言，「他（佛洛伊德）關於童年殘餘的經驗對成人階段的無意識影響，以及關於潛抑現象等貢獻，深深影響了我的生命和我的思考方式。」但是，她也有保留的：「然而，我從我的病人學到更多有關童年受虐的潛抑作用時，我卻有不同於佛洛伊德的結論。」

同樣的，米勒也批評佛洛伊德的伊底帕斯情結：「佛洛伊德學派的觀點裡，父母是不知情的，而不是小孩。」這也是她認為性虐待問題之所以長期被忽略的原因。

兒童階段的忽略，父母不自覺的殘暴和性虐待等，已經成為現在臨床工作普遍而接受的觀點，相關的專書也很多（有興趣的讀者不妨參閱《割腕的誘惑：停止自我傷害》和《孩子別怕：關心目睹家暴的孩子》（以上都是「心靈工坊」二〇〇四年出版的書」）。

然而，像米勒這類的心理治療師，終其一生以基進的人本態度，希望還給孩子一個應有的成長環境，恐怕是不容易的，也是教人敬佩的。

【推薦序二】

創傷的生命仍有盼望

洪素珍

國立臺北教育大學心理與諮商學系副教授

診療室中，一個女人問道：「為什麼我要有情緒感受呢？沒有這些，日子不也可以過嗎？」

「一個完整的人生，並非如此。」我說。

「我生氣了，不就令人更不高興？我痛苦了，只是讓自己脆弱。有了情緒，就算可以讓人生完整，那又如何？」她接著說道。

一樣在診療室裡，小孩則說：「我不要再說這些難過的事，把它們忘記就好了。這樣我就又可以快快樂樂地過日子。」但不經意地，小孩又在話語中洩漏創痛，或在遊戲中重現了痛苦的點滴。

不管是大人還是小孩，雖然想遺忘，但曾經歷的苦痛，卻還是留存在心靈中，不經意地，從無意識的底層不斷流露，明明滅滅，浮出意識。

人類自嬰兒時期，即開始發展處理痛苦的能力，當嬰兒感受到痛苦，內在會有股衝動，將其痛苦投射出來，這時，有個可以「涵容」（contain）他所經驗到的種種痛苦感受的照顧者，至為重要。照顧者的心智若可以有效涵容嬰兒的情感體驗，便可以感受到幼嫩心靈的顫動，卻不至於因此被襲擊倒地；而嬰兒亦可感受到被涵容，照顧者成為一個接納嬰兒無法承受的苦惱的客體，也因此嬰兒有機會不斷練習到，他的情緒是可以被自身及他者理解與接納的，同時嬰兒自身也因內化，而具備了此涵容能力。然而，如果是相反的情形，嬰兒在長大的過程中，則慢慢學會放棄自己真實的情緒感受來照料照顧者的情感需求，以求照顧者不拋棄他。每個孩子最害怕的就是被拋棄，就像此書中作者所寫的許多案例所提到的。

照顧者與嬰兒透過大量潛意識活動交流，嬰兒的痛苦可以具體被賦予意義，這是嬰兒對自身的理解能力及未來相信自己的基礎。照顧者的心智在意識與潛意識層面對嬰兒需求加以反思後，若能反映對嬰兒情緒狀態的理解，嬰兒就有能力不懼怕自己的痛苦，也不害怕自己的強烈情緒會擊垮照顧者，更不用出賣自己的靈魂只為了害怕照顧者的拋棄。

不過，嬰兒內在的「壞」經驗還是會出現在「好」環境中，儘管照顧者已經提供協助，但嬰兒仍可能陷在一種「父母是痛苦的罪魁禍首」或「無法看見父母的協助」的心理狀態。因此，唯有與夠好的照顧者發展出持久的聯結照顧關係，嬰兒才能維持對自身的完整感，並包容挫折，與痛苦有比較連貫的認知接觸，而不會為了逃避痛苦的感覺在潛意識中隔離自己的情感，而使生命碎裂。想要隔離痛苦的人，也無法真實體驗快樂，因為它們所需的能力是相同的。不論在診療室或書中，盡是碎裂生命的故事，透過作者的細膩分析，讀者可以見證創傷生命仍有盼望。

雖然愛麗絲．米勒自稱已「放棄精神分析」，但是綜觀上述分析架構，還是不脫精神分析的主要意涵。不過，當她在照顧者與兒童關係當中加入了「環境」為分析因素，作者的思維脈絡就更靠近溫尼考特（Donald W. Winnicott）對兒童心智健康的看法。全書「深入」之餘，不僅能夠「淺出」，讓人容易掌握脈絡；且結構完整、緊湊，不論是對身為照顧者的成人，或是專業助人者，都有極深的提醒。每個成人都有自己的內在兒童，也無可避免地從家庭中受到一些傷害，因此，此經典之作不只為受傷的兒童而寫，也為每個童年曾經受傷的成人而寫。

所以，不管作者同不同意作品被歸類於精神分析，我仍認為本書是精神分析少見的行雲流水之作，有心於心靈探幽者，錯過絕對可惜。

【推薦序三】

童年——你不敢面對的真相

蘇絢慧　諮商心理師、心靈療癒叢書作家

每一年，都會有一、兩本我認為是重量級的好書想極力推薦，這一本愛麗絲．米勒所著的《幸福童年的祕密》便是這樣的一本書；一本我認為絕對是心理治療的經典。

此書探討童年創傷對生命所造成的傷害及影響，精確且貼近人們真實的存在處境，那些關於每個大人都曾經歷過的不快樂童年，來自家庭，來自父母，來自親近的照顧者。為了迴避童年遭受傷痛（虐待、暴力、漠視、遺棄、忽略、侵害、情緒傷害）的真相，我們極力壓抑，將這些曾經經歷過的事實封鎖在記憶的深處，並且宣稱：「童年的事太遠了，我沒有什麼印象」、「我的童年還好啊！我的父母很愛我，讓我過得很幸福」，除此之外，就講不出什麼具體的回憶及情節。

許多被視為成功勝利組的人士，更是有不為他人所知的憂鬱及心理痛苦。他們自幼就被嚴加訓練，要求在許多行為和表現上都務必精準，不能失誤，一旦有一點些微差遲，就被放大成罪大惡極的錯誤加以嚴懲、羞辱、貶抑，以及遭遇來自至親的輕蔑及敵視。

但孩童絕對渴望父母親的愛（特別是母親），所以必須壓抑自己的真實感受，試著服從及符合父母親所想要的模樣，希冀獲得父母親的在乎、肯定及愛。若孩童要確保自己真實自我的存在，與之抗衡，那便會遭遇失去愛的危險，經歷到被切割及遺棄的分離感，而承受極度的孤獨。

沒有人會在童年時不受傷，因為我們並未有完美的父母親，而體認自己的童年傷痛，在我認為，也不是為了回頭向父母親指控及怪罪。治癒童年傷痛，這當中有兩個意義和價值：其一，在成年後我們承受許多來自童年傷痛的影響，也背負了壓抑之後的身心代價和關係代價，因此，重返童年，與自己的童年時期生命連結並真誠以對，是一個人找回自己真實感受的歷程，也是一個拼整回完整自我的過程。

其二，當我們能重返自己童年時空療癒那個當初遭遇各種傷痛的孩子時，我們真正開始發展自我撫慰與自我關照的能力，而這樣的能力，不僅帶來生命的滋養及復健，同時讓我們在養育及照顧下一代時，不再是重演或複製過去父母親的傷害，不再是以愛之名，行控制及剝奪之實。

特別一提，是我也認同極為重要的觀點，就是每個心理治療師都需要有自我治療的經驗和歷程。因為心理治療師也是人，也有自己的童年，也壓抑了本身在童年時為了獲取父母的關愛而壓抑或偽裝的情感，並且，心理治療師的特質裡，包含著樂於提供人需求，樂於將關注力放在他人身上等特點。如果一個心理治療師沒有回看自己早年生命，重新檢視，甚至治癒自己在童年時為了獲取生存及愛而必須發展出的特質和人際互動模式，那麼也可能重演父母親對待自己的方式，或是將當事人視為另一個小孩一樣的照顧，其實是剝奪和控制。

本書原文出版於一九七九年，即使以三十五年後的今天來閱讀，仍可以讓人對生命的傷害及扭曲有了深刻的理解。特別是關於家庭對一個孩子的影響，是絕對不容忽視或否認的。因此，這本書，我鄭重的推薦給每個當父母親的人、準備為人父母的人、心理輔導及治療專業人員、兒童及青少年領域的社工師、協助家庭支持的宗教團體，還有，特別是每一個願意誠實重返童年，探尋生命療癒契機，歸還自己一個完整而健康人生的你。

【推薦序四】

怎麼樣的童年才叫幸福？

陳質采
衛福部桃園療養院兒童精神科主任

當神經生理學已席捲整個生命科學，要如何看待像這樣的經典書籍呢？事實上，當自閉症的肇因已不在是因為父母教養不當；當喜怒哀樂也可以找到其他生物理論基礎時，但關於人類的行為、情緒，乃至於生活，我們所了解的藍圖依然有限。

著名的遺傳學教授史蒂芬．瓊斯（Steve Jones）曾說過：「所有科學理論的本質，就是它們無法解決任何問題，科學無法回答哲學家或小孩子的問題：我們為何在此？我們應該做些什麼？遺傳學幾乎無法回答，是什麼使人類不僅只是生物自然律所推動的機器，是什麼使我們成為人類？」

《幸福童年的祕密》這本書企圖解答的，其實是最單純實際，卻又難解的問題：怎麼樣的童年叫做幸福？

撇開試圖以單一論述去檢視生命的不切實際期待，這其實是一本生活化的論述兒童情緒發展與處理的好書。

只因為目睹一位三、四歲的女孩不小心摔跤受傷，卻被她那位和別的媽媽聊得起勁的母親冷冷地摑了耳光，本書作者愛麗絲．米勒提出了她的疑問：當那個孩子哭泣淌血的膝蓋時，母親為何處罰她呢？這樣一來，孩子不是就被處罰兩次了嗎？一次是跌倒受傷，一次是被媽媽打。這樣的質疑，也讓這位聞名歐洲的精神分析學者，開始研究童年早期心理創傷的成因及影響。

一九二三年生於波蘭的愛麗絲．米勒，自小在瑞士受教育，她於一九五三年完成博士學位，並於蘇黎世接受精神分析訓練。勇於質疑的求知過程讓她再度捨棄這些訓練而提出自己獨到的觀點，挑戰天下無不是父母的傳統框架。

本書是米勒一九七九年於德國出版的第一本書，內容主要撰寫父母如何投射他們的感受、觀念及夢想在孩子身上，為了生存和被愛，孩子學著去服從。在壓抑自己感受的當下，他們感到窒息；這樣的童年，照米勒的說法，會導致憂鬱、失去自我與活力。因為這樣的孩子「……從一開始就沒有體驗哪怕是最簡單的情感自由，例如不滿意、不高興、憤怒、痛苦、甚至是饑餓；當然還包括享受自己身體的樂趣。」以這樣的觀點來看，這本書於一九八一年在紐約發行的英文版書名《陷在童年的囚犯》（*Prisoners of Childhood: The Drama of the Gifted Child*），以童年的囚犯這樣的隱喻形容這些現象似乎更貼切些。

當年的發行出版，在傳統佛洛伊德精神分析學派潛意識理論依然是主流的基礎上，米勒的思考與觀察震撼了歐美。時至今日，即使各種心理與精神學理論如雨後春筍湧現，即使這本書對精神病理方面的知識幾乎闕如，觀點也不夠全面，但瑕不掩瑜，它仍然是一本值得一般大眾閱讀的心理學科普書籍，也是心理專業治療人員藉以覺察及反省的工具書。

當然，如果你有機會讀到米勒對兒童生活的觀察，你就有機會了解雖然已時隔多年，有些描寫對我們而言仍是多麼的熟悉，恍如昨日：

我住在一間玻璃房子裡，母親隨時可以看見我。住在這樣的房子裡，你不可能隱藏任何東西而不被人發現，除非把它藏在地底下。可是這樣一來，連你自己也看不見了。

看，這樣的情境像不像台灣都會的家庭一角？

當然，如果你認為親職訓練不應該只是一種教戰技巧，而是學習一種對待孩子的生活哲學與理念，這本書也是很棒的親職叢書，試看看她對母職的觀點吧：

……母親真心地注視著獨一無二、幼小、孤立無援的小生命的存在，而不會把自己內心的期望、恐懼和計畫投射到嬰孩身上。否則，嬰孩在母親臉上找到的就不是他自己，而是母親內心困境的反射……

如果你問米勒，怎樣才算好的治療師，她的回答一樣精闢：

……可靠、誠實、尊重、信任、認同、理解，以及分辨他們自身情感的能力，以防止這些情感對病人造成干擾。如果心理治療師向病人保證了無條件的愛，我們就必須提防他的虛偽和無知可能造成的傷害。

事實上，米勒對人類情感的想法和觀點，乃至於處理情感的態度，是我覺得全書最精華的闡述：

唯有當一個人的自我形象建立在自己真實的情感上，而不是建立在擁有某些特質上，才有可能擺脫憂鬱。

而如果你再問我，身為一名兒童及青少年精神專科醫師，童年的負面情緒有什麼功能？什麼又是給孩子最大的幸福？米勒的回答其實精彩絕倫：

> ……無論什麼事讓我感到難過或高興，我都能自由地表達，不必為了取悅誰而面帶笑容，也不必為了別人的需要而壓抑我的煩惱和憂慮。我可以生氣，沒有人會因此死去或頭痛；當你傷害了我的情感時，我可以大發雷霆，卻不會因此失去你。

這樣的古典書籍，你說它夠不夠「現代」呢？在這資訊充斥、物慾橫流的社會，每個人都宣稱自己想給孩子最好的？我們給的，一定能讓孩子幸福嗎？這問題真應該好好思量啊！

【中文版序】

愛麗絲．米勒，兒童的辯護者

馬丁．米勒（Martin Miller）

作家、心理學家、心理治療師，愛麗絲．米勒之子，著有《幸福童年的「真正」祕密》（暫譯，英譯：*The True Drama of the Gifted Child*），解析母親愛麗絲．米勒悲慘的經歷及其對他們母子關係造成的影響。

身為愛麗絲．米勒的兒子，我一路就近伴著母親躋身享譽世界的名作家之列。《幸福童年的祕密》一九七九年在德國付梓出版之際，我也正好展開心理治療師的生涯，在自己的診所裡執業，因此我一開始即有機會將母親寫在本書中的劃時代創見運用在診所裡。

愛麗絲．米勒受到溫尼考特（Donald W. Winnicott）、約翰．鮑比（John

Bowlby）和海恩茲．柯胡特（Heinz Kohut）等人的理論觀念影響，發展出自己的論述基礎。

愛麗絲．米勒成長於波蘭一個虔誠的富有猶太家庭。她雖從華沙的猶太人大屠殺暴行中死裡逃生，但是大部分親人仍舊死於猶太區或者集中營。年紀還小時，愛麗絲．米勒便已顯露叛逆精神，反抗專制、壓抑的宗教規條，而且親身感受兒童要獨立發展自己的人格有多麼困難，幾乎可說沒有機會。她的母親徹底將她排拒在外，而她為了保有人格發展的空間，活出「真我」，付出了高昂的代價，孤單寂寥的代價。

若不曾有過如此的經歷，我的母親可能無法從第二次世界大戰和大屠殺的恐懼中倖存下來。遺憾的是，戰爭結束後，我母親受到嚴重的戰爭創傷折磨，一輩子也無法克服。為了生存，她必須隱姓埋名，否認自己的猶太身分，因而在危急的非常時期被迫發展出「假我」。此一經驗影響我母親巨大深遠。她承受著無法形容的恐懼，因為一旦被納粹發現她的「真我」，她的猶太身分，結果只有死在集中營一途。

愛麗絲．米勒的生命經歷鋪陳了《幸福童年的祕密》這本書的傳記背景。因此，本書具有革命性的顛覆意義，因為當時尚未有其他著名心理學家，有勇氣揭露父母的教育態度將會導致浮現於成年時期的兒童心理問題。

愛麗絲．米勒在書中描述了父母剝奪兒童發展「真我」權利的教育干涉行為。所謂的「真我」，即是兒童需要被開發的天生潛能。我的母親證明兒童為了滿足父母的期望，擔憂失去父母的關愛，被迫發展出「假我」。溫尼考特對於「假我」的詮釋如下：

> 「假我」是一種精神結構，淵源於面對外界需求時所展現的屈服順從。人們往往以為「假我」是自己的「真我」，是自己真正發展出來的人格。

根據愛麗絲．米勒的觀點，所謂的天才兒童，並非指天資特別聰穎的孩子。兒童的天賦才能指的是他們天生具有完美適應成人期待的能力。因此，我的母親率先迎面質疑當年通行的教育原則，直指其有害兒童，譴責教育使人生病，因為父母以為迫使兒童乖巧順從的種種權威作法是最有成效的方式。

這些極端的看法孕育了愛麗絲·米勒闡述精神官能症發展的理論基礎。自戀型人格障礙與憂鬱症的主要原因就在於強迫發展出了「假我」。

即使《幸福童年的祕密》早在三十年前就已出版，仍舊非常適用當今現狀。我認為甚至更加適合現代社會，因為今日的我們，面對心理上的嚴重人格障礙更甚以往。

最後還有一件重要的事情，《幸福童年的祕密》出版後，徹底影響了心理治療。在心理治療中，不能再無視個人的成長經歷，不予處理。治療的目的始終在於幫助人揭發自己的自欺行為，加以排除。直至今日，愛麗絲·米勒這本書仍是醍醐灌頂之作，提醒我們應殫謀戮力，克服父母的教育方式阻礙我們生命發展的影響。

（管中琪／翻譯）

第 1 篇

Das Drama des begabten Kindes

孩童被賦予的戲劇人生

面對童年的真相

經驗告訴我們，在治療精神疾病的過程中，我們唯一可以永久信賴的重要方法，就是去挖掘隱藏在每個人獨有的童年裡的情感經歷與事實。如此一來，我們是否就能徹底擺脫對童年的美好幻覺了呢？事實證明，也許因為事實的真相實在讓人難以承受，因此，人的幻覺無處不在，藏身於生命的每一個角落。可是，了解事實對我們來說太重要了，逃避它的代價，將是嚴重的身心疾病。為了擁有健全的身心，我們必須經歷一個較長的過程，去發現那個只屬於我們自己的事實，這個事實會讓我們感到痛苦，但它最終卻能使我們重獲自由。如果不這麼做，僅是滿足於頭腦中的「知識」，我們就會繼續被禁閉在幻覺和自我欺瞞的世界裡。

沒有人能改變過去已經發生的事情，因此，我們在童年受到的傷害是不會自動消失的。但我們可以改變自己、修復自己，以重獲健全的身心。要達到這個目的，我們便需要更仔細地洞察藏在自身內在的訊息，並把它有效地帶到意識中，這個過程必然不平順，卻是唯一能使我們擺脫無形的童年牢獄的出路。唯有如此，我們才能把自己從一個無意識的童年受害人，轉變為在現實生活中的有責任感的人。這樣的人由於清楚地意識到過去發生了什麼，因此能夠與那些記憶共存。

然而，大多數人都適得其反，並不知道自己的過去仍影響著現在的生活，甚至，有許多人根本不想知道自己的過去。他們不自覺地生活在過往被壓抑的童年情景中，意識不到那些光景已不復存在；他們仍然對過去所害怕的事心有餘悸，並不了解它們儘管曾經真實，但早已隨時間消逝。他們的生活被無意識的記憶、被壓抑的感情和需求主宰，幾乎決定了一切。

壓抑童年所經歷的可怕虐待事實，使許多人不但毀滅了自己，也斷送了他人的生活。他們那無意識的對報復的渴望，很可能使自己捲入暴力的深淵，燒屋毀店，對人施暴，透過這種毀滅的方式，他們掩蓋屬於自己的事實，以避免再次體驗到孩提時承受過的絕望折磨。這種暴力行為經常以「愛國主義」，或各種宗教信仰的名義發生。

另有些人，則是在各式各樣的自我折磨和自虐行為中，主動地、或無意識地延續著曾經強加在他們身上的痛苦，卻自認為這些行為是種「解放」。有些女子在乳頭穿洞，掛上乳環，並因此獲得上雜誌機會；她們驕傲地宣稱這麼做不會疼痛，甚至覺得好玩。她們所說的都是真的，因為在很小的時候，她們就必須學會不對疼痛產生感覺，所以到了今天，她們也會不計代價地去避免感覺到那個被父親強暴的小女孩心中的痛苦，並被迫去想像那是很好玩的事。

被壓抑的痛苦還會以更個人的形式表現出來。譬如一個小時候受過性虐待的婦女，會一直竭力否認她童年的真相，為了避免體驗痛苦，她會不斷借助男人、酒精、吸毒或事業上的成功來逃避過去。她需要不斷的興奮來隔離孤寂，哪怕只是一點點寂靜的時刻，都會使她重溫童年那難以忍受的孤獨。對她來說，那比死亡更可怕，因此她將繼續內心的逃亡，除非有一天明白，了解對過去情感其實會帶來解脫，而不是死亡。

對童年痛苦的壓抑，不但會影響人們的生活，也會影響社會的禁忌。傳記通常都把這一點描述得很清楚。譬如在閱讀某藝術家的傳記時，讀者常會感到這些人的生活好像都開始於青春期，而在那之前，我們被告知他們都有過一個「愉快的」、「和諧的」或「平靜的」，或「貧乏的」或「充滿了刺激」的童年，但傳主具體的童年到底是什麼樣子，似乎引不起傳記作家們的興趣，好像一個人全部生命的根基並非埋藏在童年裡似地。下面舉個簡單的例子來說明這一點。

亨利・摩爾（譯案：Henry Moore，一八九八～一九八六，英國著名雕塑家，世界最傑出的兩個現代雕塑家之一，另一個是奧古斯丁・羅丹）在他的回憶錄裡描述，當他還是個小男孩時，經常幫母親塗抹一種油，為她按摩背部以減輕風濕痛。讀到這些，我對他的雕塑突然有了新的理解：對於那些巨大而傾斜著身體的女人的塑像和她們細小的頭，現在我可以透過一個小男孩的視角，在她們身上找到那個母親了。她的頭高高在上，呈逐漸消失狀，而她的背卻緊貼在他眼前，無限放大。這個細節對許多藝術評論家來說可能毫無價值，但對我來說，它卻說明了這個小孩的童年經驗是如此頑強地保留在他的無意識之中，當他長大成年，能夠自由發揮想像力的時候，這些早期經驗便在他心中喚醒無數表達自己情感的方式。現在，摩爾的記憶不再與任何創傷事件有聯繫了，所以可以不受干擾地保留下來。但是，童年中的每一個創傷經驗卻仍深藏、幽禁在黑暗之中，而打開理解這個童年生活之門的鑰匙，卻和這些經驗一起被埋藏了。

貧窮的富有小孩

我有時捫心自問，我們到底能不能體會孩提時被迫體驗的孤獨感和被拋棄感有多痛苦？我指的不是兒童實際上被父母拋棄或與他們分離，雖然這無疑會造成創傷性後果；我指的也不是那些確實沒有得到足夠生活照料或完全被忽視的小孩，以及一直能意識到自己在成長期間遭忽視的小孩。很多人不屬於上述情形，在進入治療時，都相信自己曾有一個愉快的、受保護的童年，而這信念伴隨著他們成長。

我經常遇到一些病人，因獨具天賦和成就不凡而受人稱羨。他們都在出生後第一年就接受排便訓練（譯案：根據精神分析理論，嬰兒出生後的第一年是口腔期，第二年才是肛門期。第一年就進入肛門期訓練，意味著小孩必須提前放棄隨意排便，享受快感的自由。這種訓練與自我控制能力的訓練有很大的關係），當中許多人在一歲半到五歲之間，就開始能幹地幫忙照顧弟妹。一般人可能普遍覺得，這些讓父母感到驕傲的小孩應該有著堅強和穩固的自信心，但不幸地，事實恰好相反。雖然他們無論想做什麼都能做好，甚至做得出色；他們也被人羨慕和嫉妒，想成功就能成功，但這些都無濟於事。在榮耀背後，潛伏著憂鬱、空虛、自我疏離和對生活的無意義感，換言之，當幻覺魔法不再靈驗，當這些人不再是第一名，不再是絕對的超級明星，或任何時候，當他們突然感到自己沒有維持住某種必須堅持的理想形象、不再能達到某些標準時，沮喪的感覺會馬上就像黑色夢魘般襲來，使他們受到焦慮、極度自卑和羞恥的折磨。造成這些不凡的成功人士心理障礙的原因是什麼呢？

與這些人第一次見面時，他們總會告訴你，他們的父母都善解人意，至少父母其中之一是如此的；而即使小時候父母曾誤解他們，過錯也在自己身上，因為是他們不能適當地向父母表達自己。他們在描述童年生活時，對那個曾是小孩的自己缺少同情，尤其讓人驚訝的是，這些病人不但擁有強烈的自省能力，在某種程度上，甚至還很能同情他人。可是，他們與自己童年情感世界的關係卻是殘缺的，表現出缺乏尊重、對掌控和操縱的強迫性需要，以及對成功的渴望等特徵。他們時常輕蔑和譏諷孩提時的自己，甚至表現得嘲弄和無所謂，總之，對自己童年的經歷完全沒有情感上的了解和認真的評價。除了對成功的渴望，他們對自己真正的需求毫無概念，正因為他們徹底壓抑了自己的真實過往，所以輕易地擁抱了曾經擁有幸福童年的幻覺。

以下，我先闡明一些基本觀點，作為描述這些人心理狀態的出發點：

- 小孩從一出生起，就有一個最基本的需求，即任何時候都需要依最真實的自我被重視和尊重。
- 上述的「任何時候都依最真實的自我被重視和尊重」，指的是一出生就具有的表達各種情感和感受的能力。
- 如果小孩在受到尊重和容忍的氣氛中長大，當他面臨分離時，就能夠捨棄與母親共生的情感，邁向獨立自主。

- 以上的健康生長條件，立基於他們的父母也在同樣的氣氛中長大。如果是，他們就能夠提供小孩培養信任感所需要的保護，和良好的自我觀感。
- 童年不是在這種氣氛中長大的父母，本身就被剝奪了健康成長的權利；也因此，他們窮其一生都在尋找其父母在成長的關鍵時刻所未給予的需要：身邊有一個人能夠完全意識到自己的存在，並給予認真的對待。
- 這種尋找當然永遠不可能完全成功，因為它關係到一個不可挽回的成長歷程——剛剛出生的童年早期。
- 這種因壓抑不滿足而有著無意識需求的人，若無視於自身被壓抑的生命過往，就不得不去嘗試其它替代方法來滿足自己。
- 這些人的小孩，就是他們自我滿足的最佳途徑。新生兒或孩童必須百分之百依賴父母，且因為父母的照顧對他的生存無比重要，所以小孩會盡可能避免失去父母。從出生的第一天起，他就會為這種需要使出所有的生命能量，好比一株幼小的植物，為了活下去而必須跟著太陽轉動一樣。

我與心理治療專業人員接觸時，總能在他們身上發現一個頗為顯著的童年經歷，它的特點是：

- 他們都有這樣一個母親1：她絲毫沒有情感上的安全感，必須依賴子女的某些特殊行為來平衡其需求，她會在子女和別人面前以強硬、權威甚至是獨裁的形象以掩飾內在的不安。
- 這個小孩對母親、或父母雙方的需求，有著驚人且出於直覺的（即無意識的）感知和反應能力，自動扮起一個被無意識所分配的角色。
- 這個角色保障了小孩對「愛」的需求，也就是父母對他的利用。小孩因此能感到自己是被需要的，這種被需要，保障了他的生存安全。

1　這裡說的「母親」是指在一個小孩生活的最初幾年裡與他最親近的人。這個人不一定是他的親生母親，甚至不一定是女人。在過去的二十年間，父親們常常承擔了母親的角色。

小孩的這種能力後來得到了延伸和完善發展，讓他們不但成為自己母親的母親（知心密友、安慰者、顧問、支持者），還分擔了一部分照顧手足的責任，並逐漸培養出特殊感知系統，能敏銳於別人無意識地發出的需求訊號，難怪，他們後來會選擇心理治療師為業。如果沒有這先前的經歷，誰又能保持有足夠的興趣，並花一整天的時間試圖去發現另一個人潛意識裡發生的事情呢？但是這種敏感性的發展和完善（它過去曾幫助一個小孩的生存，現在又使成年的他從事奇特的職業）也關係到治療師自己情感障礙的根基：只要意識不到他對自己過去需求的抑制，他就會被迫透過依賴病人，來為自己沒得到滿足的需要尋找替代物。

丟失的情感世界

根據我的經驗，一個人情感障礙，根源於嬰兒早期的適應力。當小孩必須早早壓抑對尊重、回應、理解、同情和得到情感反應的需求時，會產生一些嚴重的後果。

後果之一，是病人無論在童年還是成年以後，都不能有意識地體驗自己的某些情感，如嫉妒、羨慕、憤怒、孤獨、無助和焦慮等。悲哀的是，我們在這裡所談到的，往往是一些活潑又具有深刻情感的人，最令人印象深刻的是，他們在描述自己的童年時，總會提起一些不含痛苦和恐懼的體驗，譬如享受與大自然的接觸，因為這樣做不會傷害母親或令她感到不安，也不會減弱她的權力，或威脅她的平衡。令人驚訝的是，這些專注、活潑又敏感的小孩能夠清楚地記得自己四歲時如何在明亮的草地上發現了陽光，但到八歲時卻「注意不到任何事情了」，包括對懷孕母親的好奇心，對於新生弟妹，他們也沒有表現「絲毫」的嫉妒。同樣讓人吃驚的是，其中有個小孩曾在兩歲時被單獨留在家裡，當時遇到士兵闖入搜查，他表現得「很棒」，靜靜地忍受了可怕的入侵，不哭也不鬧。

這些人都全都培養出不去體驗自身情緒與感受技巧，因為只有在得到另一個人能夠完全的接受、理解和支持時，孩子才能體驗自己的情緒與感受。如果他生活裡沒有這樣一個人，如果他為了體驗這些情感而必須冒著失去母愛或是母愛替代物的危險，那麼他也就只能選擇壓抑了。他甚至不能「只為了他自己」而私下體驗它們，所以他就根本體驗不到。不過這些情感將被保留在身體和細胞裡，被作為訊息儲存起來，等著有朝一日被引發。

在後來的生活中，儘管無法看到明顯的原始聯繫，這些人仍必須面對使這些早期情感復活的各種情境。這種聯繫只有當強烈的情感在治療中得到體驗之後，才能得到解讀，並成功地與它們發生的原始情境連結[2]。

以被人拋棄的感覺為例。這裡指的不是那種感覺孤獨所以就酗酒或吸毒、看電影、找朋友或「毫無必要地」打電話，以填補內心空虛的那種成人所擁有的感覺。我指的，是一個小嬰兒所體驗到的，最原始的被拋棄的感覺——那時他沒有任何逃避的可能，而且因為母親自己的需求也沒滿足過，他也無法以語言或前語言（preverbal）的方式與母親有效溝通。母親必須依賴小孩對她的特別反應，這對她來說無比重要，因為她自己此時也是一個小孩，正在尋找一個能使自己得到滿足的對象。

無論這聽起來多麼自相矛盾，但小孩確確實實是置身於母親的掌控之中的。因為小孩的眼睛總是追隨著她，母親可以感到自己是被注意的中心。小孩不可能逃離母親，就像母親也不能逃離她自己的母親一樣。小孩有可能按照他母親需要的方式

2　在一些新的治療法中，這種因素起著關鍵的作用。

成長，被迫尊重母親；而母親也可能把自己的情感強加於小孩，得意地看到自己的形象反映在小孩對她的愛與欣賞之中，並感到在他面前很有權威。可是一旦這個小孩變得不那麼順從了，她就能把他丟給一個陌生人，或是禁閉在一間屋子裡。

不論一個女人受過多好的教育，當她不得不隱瞞和壓抑所有與她自己母親有關的需求時，這些需求就會從她的潛意識深處冒出來，並在自己的小孩身上尋求滿足。而她的小孩，則清楚地感知到這一切，很快就不再表達自己的需求與悲傷了。

當小孩長大成人後，這些被人遺棄的感覺開始在治療中出現，並伴隨巨大的痛苦和絕望。這一點清楚地顯示，當他們是小孩時，是不可能承受得了如此強烈的痛苦的。這樣的體驗只有在被了解和關注的環境中才會發生，而這正是他們過去生活裡向來缺乏的。這些強烈的痛苦情感必須被隱藏起來，但臨床的證據讓我們無法否認這些情感的存在。

當這些人為小時候被遺棄的各種感受辯護時，我們可以看出幾種他們常用的防禦機制。除了簡單的否認之外，我們也經常發現，他們在為過去被壓抑的需要尋找滿足時，會歷經各種令人心力交瘁的掙扎。這些本屬於過去的需求，由於受到壓抑，已經轉變成各種反常的行為，經常要藉助某種象徵來協助滿足。例如：熱衷於某種教派、性反常行為、五花八門的團體、酒精或毒品。將問題理性化也是很常見的做法，它是一種相當有效的防禦機制。但是，當大腦無視來自身體的重要信息時，結果可能是災難（可參閱我一九九八年出版的《未被碰觸的鑰匙》〔英譯：*The Untouched Key*〕和一九九一年的《打破沉默》〔英譯：*Breaking Down the Wall of Silence*〕中我對尼采〔Nietzsche〕的疾病分析）。所有防禦機制，都伴隨著對原始情境和相關情感的抑制。

對於父母需要的妥協，經常（雖非絕對）導致「似是而非的人格」（編案：有虛假自我之意）的產生。這種人只會努力表現別人在他身上的期望，並使自己與它們天衣無縫地融合，讓別人很難猜出在他虛假自我的背後還有些什麼存在。他不可能發展和辨別他真實的自我，因為他不被允許那樣生活，因此，他經常抱怨一種空虛感、無用感、或無家可歸的感覺，那種空洞的感覺是真實的。一段被掏空、枯竭、喪失自身潛力的歷程確實在他身上發生著，當小孩內心所有生動和自發的動能都被剝奪後，他的完整性就被破壞了。在童年的夢中，這些病人經常體驗到至少一部分的自己已死亡。有位個案名叫麗莎，是個年輕的女性，她講起自己常做的一個夢：

我的弟妹們站在一個橋上，他們往河裡扔下一個盒子。我知道我就躺在那個盒子裡面，已經死了，但是我卻能聽見我的心跳。我總是在這時醒來。

這個夢混合了病人對其弟妹無意識的憤怒，因為在現實生活中，她必須扮演善良和體貼的母親，所以她只能在夢中「槍斃」自己的真實感受、願望和要求。

另一個年輕人，二十七歲的庫爾特的夢是這樣的：

我看見一片草地，上面有一個白色的棺材。我很害怕是我媽媽躺在裡面。但當我打開蓋子以後，我慶幸地發現躺在裡面的是我自己。

如果庫爾特小時候就能夠表達他對母親的失望，體驗自己的憤怒和恨意，那他就能完全真實地活著。不過，那會導致他失去母親的愛，而那對於一個小孩來說，就意味著死亡。因此，他便「謀殺了」他的憤怒和一部分的自我，以保住母親的愛。

還有一個年輕的女孩過去經常做下面這個夢：

我躺在自己的床上，死了。我的父母看著我並議論我，但他們卻不知道我已經死了。

體驗和發展自己內在情感的困難，導致了多種形式的依賴的產生，並阻礙了個性化的發展。父母和小孩雙方在他們穩定的關係中各取所需：父母在小孩偽裝的自我中，找到了他們需要的自我肯定，用來替代自己所缺乏的安全感；而因為小孩不能自己建立安全感，便從有意識地開始，變成無意識地依賴父母。他不可能依賴自己的情感，因為他從來沒有機會透過嘗試和犯錯來體驗它們。他對自己真正需求的毫無感覺，也讓他與自我極端疏離。在這種情況下，他不可能與自己的父母在心理上分離，即使已經長大成人，也仍需要依賴來自伴侶、各種團體、特別是子女對他的肯定。由父母傳下來的這份遺產，詛咒般地造成下一代人被迫藏在自己真實的自我背後，並在被壓抑的記憶所造成的陰影下，無意識地生活著。除非，他們的後代能拋棄這個「遺產」，完全意識到他真實的過去是什麼，並進而了解自己真正天性，否則，他小時候在原生家庭中體驗的孤獨感，就會轉化成一個情感疏離的成人生活。

尋找真實的自我

那麼，治療究竟能發揮什麼作用呢？它並不會將我們失去的童年找回來，也不會改變已經發生了的事。沒有人因為保持和培養幻覺而被治癒；很多病人所渴望的沒有愛恨交織的和諧天堂，實際上並不存在。可是，人對自己經歷的體驗，包括對自相矛盾情感的了解，卻能夠幫助他在成年後回到自己的情感世界——那裡沒有天堂，卻能夠讓他獲得感受悲傷的能力。正是這種能力，確保我們重拾失去的生命活力。

治療中的轉折點之一，是當病人開始產生以下醒悟：原來，他竭盡全力、且以否定自己為代價所得到的愛，並不是針對他本人——那些對他的榮譽和成就的稱羨，僅僅是針對榮譽和成就本身，而不是對身為小孩的自己。在治療過程中，躲藏在成就背後的那個幼小又孤獨的小孩清醒了，他問：

如果出現在你面前的是一個傷心的、有各種需要的、惱人的且怒氣衝天的我，你會怎麼樣？你還會愛我嗎？我身上有著這些壞毛病，這是否意味著，你愛的其實不是我，而是我假裝出來的一切？這是否還意味著你愛的是那個聽話的、可靠的、善解人意的、懂事又可人的小孩——那個事實上從來就不曾是小孩的我？我的童年到底是什麼？我難道不是被它騙了嗎？可是我再也不能回到過去了，做什麼也於事無補了。從一出生起我就一直是個小大人。我所有的才能，難道不是全被誤用了嗎？

這些提問雖帶來無盡的悲傷和痛苦，但卻總能讓一個新的權威在病人內心的確立：代表對自己命運的新認同，從悲傷的洗禮中脫胎而出。現在，這個病人對他的自我表達不再不屑了，也不再譏諷或嘲笑它們，儘管有時仍會無意識地忽略它們，一如父母在他還不會用語言表達需求時，用了一種不易察覺的方式忽視他一樣。甚至，當他已經是個大小孩時，他也不能說或甚至是想：「不管什麼事讓我感到難過或高興，我都能自由地表達；我不必為了取悅誰而面帶笑容，也不必為了別人的需要去壓抑煩惱和憂慮。我可以生氣，沒有人會因此死去或頭痛；當你傷害了我的情感時，我可以大發雷霆，但不會因此失去你。」

儘管在往後有很長的時間，舊的情感模式還是會一次次反撲，但在大多數情況下，當病人終於能認識並且認真對待他過去總在逃避的情感時，他會感到欣慰。他開始明白，這是他唯一求生的機會和方法，他已可以意識到，當他害怕時，有時仍會讓自己相信自己並不害怕，並意識到自己是如何透過嘲弄自己的情感來保護自己，或根本意識不到它們的存在，或是直到幾天之後情緒已經過去了，才對它們有所感知。他也逐漸地意識到，每當經歷感動、不安或難過時，自己是如何想辦法阻止自己面對這些情感的（譬如，一個六歲小孩的媽媽死了，他的姑姑對他說：「你一定要勇敢，不能哭。現在乖乖地去你的房間玩吧。」）

除非病人刻意表現出干擾，或是其它形式的理智抵制，不然治療一旦開始，這些過程通常就會繼續下去。飽受痛苦的病人這時開始思路清晰，和以前抱怨的態度迥然不同，但是，過去的體驗仍使他無法相信這樣做不會造成致命危險；當在現實中需要維護自己的權利時，他仍舊害怕受到拒絕和懲罰。病人這時對自己不願承認的情感感到驚訝，但為時過晚：內心衝動的意識已被喚醒，不可能再回去了。

那個曾經受驚嚇而不敢開口的小孩，現在用著過去認為不可能的方式體驗了自己的情感。他為自己的勇於冒險，並體驗真正自我感到欣慰。過去，他一直對吝嗇的行為很不屑，但現在，他忽然發現自己很在乎治療師因接電話而耽誤了兩分鐘的療程；過去，他從不向別人要求什麼，卻總因別人的要求疲憊不堪，但現在，他卻忽然因自己的治療師「又要」去度假而感到氣憤。他還會嫌惡地看著其他候診的人，這是什麼情感呢？當然不應該是嫉妒——那是一種他從來都不知道的情感！可是他在想：「他們怎麼在這兒？除了我，難道別人也來這裡？」以前他從來都不會意識到這一點。

剛開始，當看到自己不再永遠是個善良、同理、寬容和自制時，他會感到羞愧；尤其當發現自己是個沒有需求、懂得知足的人時，更是如此，因為這一切品格，都曾是他自重的基礎。

體驗對某人愛恨交織的情感，包含著兩種完全不同的情況：一種是身為一個成年人的體驗，而另一種，則是當他忽然體驗到自己曾是一個兩歲的小孩，正在廚房裡被傭人餵著飯，並沮喪地想：

為什麼媽媽每晚都要出去？為什麼她不能和我一起玩？我到底做錯了什麼事讓她情願與別人在一起也不陪我？我怎樣做才能讓她待在家裡？千萬別哭，千萬別哭。

當彼得只是個兩歲小孩時，他當然不是這樣想的；但是，當他在治療中體驗到這個現實時，他既是成人，又是那個兩歲的小孩，還可能因此放聲痛哭。他的眼淚不是一種宣洩，而是他對早期母愛需求的合理表達——對這需求的渴望長期以來一直被他否認。在接下來的幾個星期裡，彼得體驗了對自己的母親——一個成功的小兒科醫生——的所有愛恨交織的折磨。他母親過往那個冰冷、被理想化的形像開始融入另一幅畫面，那畫裡面有個女人，無法和小孩保持任何連續性的親子關係。

> 我恨那些狼心狗肺的人，他們總是不斷地生病，把妳從我身邊拉走。我也恨妳，因為妳選擇與他們在一起，而不是我。

無助的感覺，和母親長期在最需要時不在身邊的憤怒，混為一體了。意識到這些感受之後，彼得終於擺脫長期折磨他的各種症狀，這其中的道理不言而喻。他與女人的關係也改變了，他過去有過的那種先征服、再遺棄她們的衝動，已經不復存在。

彼得體驗了他兒時的憤怒與無助，以及受不在身邊的母親所掌控的經驗，這種掌控的形式，以前並不存在他記憶中。一個人只能記得被有意識地體驗過的事情，而一個受折磨的小孩的情感世界，本身就被篩選過，體驗情感時最重要的因素已被剔除。這些早期的情感，以及因為不了解童年發生的事而產生的痛苦（作為童年最原始的一部分），終於第一次在治療中被有意識地體驗了。

每一次都像奇蹟一樣，我們可以發現，在偽裝、否認和疏離的自我背後，病人身上或多或少，都還留著真實與真誠，並且在他一找到與自己情感溝通的管道後，馬上呈現。但是，如果我們因此認為，在偽裝的自我後面，一個全面發展的真實自我在有意識地隱藏著，那就錯了。關鍵在於，這個小孩並不知道他一直隱藏的到底是什麼。四十二歲的卡爾表達了他的這種感受：

我住在一個玻璃房子裡，我母親隨時可以看見我。住在這樣的房子裡你不可能隱藏任何東西而不被人發現，除非把它藏在地下。可是這樣一來，連你自己也看不見它了。

一個成年人，只有曾經擁有過關心自己的父母或照顧者，才能完全體驗到自己的各種情感。在童年受到虐待或忽視的人，則缺乏這種能力，因此很少被意料之外的情感所打動。他們只承認被內心的審查官接受和允許的情感，彷彿這些審查官才是自己父母的小孩。壓抑這些情感的代價，是憂鬱和內心空虛，真實的自我無法與人溝通，一直處於無意識的狀態，無法生長，並被囚禁在心牢裡。而獄卒和其同伴（譯案：泛指家長、教師和社會習俗等）並不鼓勵任何生命活力的發展。然而，唯有當生命力得以發展，自我才可以發出聲音，開始生長，並產生創造性。過去，那充斥著恐懼、空虛和自大幻覺的內心，而今能展現意想不到的生命活力。這並不是一個回家的旅程，因為這個家從來就沒有存在過。這是一個新創造的家。

心理治療師的故事

心理治療師經常被認為是有情感障礙的人。我到目前為止所敘述的一切，目的就是為了說明這樣的看法是可以在經驗中找到根據的。治療師的敏感度、同理心、專注能力和特殊的情感反應力，以及他們的超級「感應天線」，都暗示著一個事實：年幼時，他很可能已經習慣去滿足別人的需要，同時壓抑自己的需求。

當然，還有另一種理論上的可能性：這個敏感小孩的父母，並不需要不當地利用他。他們能夠按照小孩真實的自我來對待他、理解他、寬容並尊重他的情感。不過，雖然這樣的小孩能夠發展出一個健康的安全感，但我們卻很難期待他：

● 長大後從事心理治療工作；

- 這樣的小孩也不易培養和發展出對他人感受特殊敏感度，因為這種敏感度是只有那些曾經被父母利用以滿足自身需要的人才具備；
- 這樣的小孩也永遠不能從自身經驗去理解什麼是「被謀殺的」自我。

我確信，童年的經歷確實能有助於從事心理治療工作，但前提是我們自己也經過治療，學會與真實的過去共處，並拋棄最明目張膽的幻覺，才有可能。這意味著我們已接受一個事實：過去為了避免失去父母的「愛」，我們不得不以犧牲自己情緒與感受的發展為代價，去滿足父母各種無意識的需求。它還意味著，當父母不能滿足我們最基本的需求時，我們本來是能夠體驗內心被激起的憤恨和悲傷的，但如果我們從來就不能有意識地體驗這種失望與憤怒，因此需求得不到解決，那麼我們就面臨了將這種無意識的狀況轉移到病人身上的風險。為無意識的憤怒找到一個比自己更軟弱的人，並利用他，是很自然的事，而最方便的做法，就是利用自己的小孩或病人。病人對治療師表現的服從和依賴，與小孩對父母毫無兩樣。

一個具有高敏感度「天線」，且能探測到治療師無意識世界的病人，通常在治療過程中能有較迅速的反應。如果病人察覺到，治療師覺得讓他盡快獲得自主和自信對治療師自己來說很重要，他就會根據這情境做出相對應的反應，馬上「感覺」自己是獨立自主的。他可以做這件事，也可以做其它任何被期待的事。但是由於這種「自主」是不真實的，所以它會很快就被憂鬱取代。真正的自主，是以依賴別人幫助的體驗為前提的。真正的解放，只能在體驗了嬰兒時期深刻愛恨交織的依賴情感之後，才能得到。

當病人述說自己經歷時，如果其內容符合治療師的知識、理念和技術，即符合他的期待時，病人就滿足了治療師對贊同、回應、理解和被認真對待的需求。這樣一來，治療師就對病人進行了無意識的掌控，正如同他本人年幼時被迫經歷過的一樣。小孩永遠不會看穿無意識的掌控，因為它就像他正呼吸的空氣，當他並不知道還有別的選擇存在時，就把它視為唯一能夠吸入的空氣。

如果我們在成年以後也認識不到這種空氣的危害，那會怎麼樣呢？我們就會將這種危害傳給別人，並假裝這樣做是為了別人好。

對於父母對小孩的無意識掌控，我從中得到的感悟越深，對就越迫切覺得有解除抑制的必要。不僅是父母，治療師亦然，都必須願意面對自己的過往，歷經痛苦的體驗、並接受屬於自己的事實後，我們才會放棄想找到一個善解人意又富同情心的「家長」的企望（這可能會在一個病人身上找到），期待他們會聽任我們擺布。

我們不能低估想在病人裡尋找一個家長的誘惑。的確，我們的父母很少，或從來沒有像病人那樣，總是專心聆聽我們說話；他們也從來沒有像病人那樣，清楚和坦誠地向我們表露他們的內心世界。唯有持續不斷地努力體驗悲傷，才能防止我們陷入這種誘惑的幻覺：我們終於找到了曾經那樣迫切想得到的父母——那樣地富有同情心、思想開明、善解人意又能被人理解、誠實、總在身邊、樂於助人又充滿愛心、感情豐富、行事光明磊落、一目了然、明智而不衝突矛盾。這樣的父母永遠都不會屬於我們，因為母親能對小孩同理的程度，仰賴於她對自己童年有多少有意識的理解和解脫，若她否認自己的童年經歷，也就為自己套上了無形鎖鏈。

聰敏、警覺、專注、極度敏感、對母親的需要心知肚明的小孩，總是百分之百地聽任母親支配。小孩們是易懂、直觀、可靠，所以很容易被掌控——只要他們的真實自我（他們的情感世界）一直被隱藏在那個透明房子的地窖裡；他們必須住在這個房子裡直到青春期或進入治療之後，或更多時候，是直到他們自己也為人父母後。

羅伯特是一個三十一歲的男子，他從來不敢哭泣或顯露悲傷，因為他知道，那樣做會使他所愛的母親不高興又不知所措。這個極為敏感的小孩感到自己的存在被母親給否定了。母親在孩提時曾在集中營裡生活過，但她從來都不提起這件事。直到兒子長大開始問問題時，她才告訴他，她曾是目睹自己父母走進毒氣室的八十個小孩之一。當時這八十個小孩沒有一個人哭，因為「保持愉快」的特性曾在她的童年時救過她的命，所以自己小孩，也就是羅伯特的眼淚，會威脅她的平衡感。

羅伯特一生都希望快樂一點，但卻只能以強迫性的反常行為來表達這個偶爾出現的真實自我和情感。在他明白了它們的真實意義之前，這個沉重的事實一直讓他感到不自在、羞恥和迷茫。

人是沒有辦法在童年時反抗這種掌控的。悲劇在於，只要父母拒絕面對自己的過去，他們對這種掌控同樣也是無能為力。如果父母自己的壓抑得不到解決，他們童年的悲劇就會無意識地在自己小孩身上繼續上演。

另外一個例子，也許能把這個觀念講得更清楚：有一個父親小時候經常受到他母親週期性精神分裂症（編案：Schizophrenia，二〇一四年台灣已改稱此病為「思覺失調症」）所驚嚇，加上很少有人對他做任何相關解釋，導致他長大以後的一大樂事，就是講恐怖故事給自己心愛的小女兒聽。毫無例外地，他總是先嘲笑她的膽小，然後再告訴她：

這只不過是個編造的故事，妳不用害怕，有我和妳在一起呢！

如此一來，他就得以掌控小孩的恐懼，並感到自己很勇敢。他其實是有意識地，想給予孩子他小時候曾被剝奪的寶貴東西，如保護、安慰、和來自成人的解釋等；但是他無意識地傳給女兒的，卻是自己童年的恐懼與對災難發生的預感，以及那個他從來也沒有得到答案的問題：

為什麼這個我愛的人要把我嚇得要命？

也許，我們每個人內心或多或少都有個封閉的、甚至連自己都不知道的密室，藏著童年悲劇的所有道具。受密室裡藏著的東西影響最深的，就是自己的孩子。當羅伯特的母親還是小孩時，幾乎沒有機會了解到底發生了什麼，所以她最終只能發展出症狀。但是，如果在後來的治療中，成年的他允許自己感覺這些被症狀所掩蓋的東西：例如恐怖，憎恨，失望和無助的憤怒等，那麼這些症狀就可以消除。

以下的狀況會是偶然的嗎？裴斯塔洛齊（譯案：Johann Heinrich Pestalozzi，一七四六～

一八二七，瑞士教育心理學家，西方三大教育思想家之一，另外兩個人是盧梭和福祿貝爾）六歲就失去了父親，儘管家裡還有母親和傭人，但他的情感卻被他們忽視了。後來，儘管他能給予其他孤兒最真誠的溫暖和父愛，卻在情感上忽視了自己唯一的兒子。他的兒子是個非常聰明的孩子，後來卻被認為有智力缺陷，不到三十歲就死了。兒子的悲劇使裴斯塔洛齊痛悔不已。後來他說過一句名言：「你可以把魔鬼趕出自己的花園，但你還會在兒子的花園裡發現它。」

金頭腦

十九世紀法國小說家阿爾豐斯・都德（Alphonse Daudet）的《磨坊信札》（*Letres de mon Moulin*）裡有一個聽上去很離奇的故事，但我卻發現它與我所闡述的有很多相通之處。下面是這個故事：

從前有一個小男孩，擁有一個金子做成的頭腦。他的父母是在小孩的頭受傷的時候才偶然發現的。那時他們驚奇地看見，從小孩頭殼裡流出的不是血，而是金子，從此小心翼翼地看護著這個小孩，怕他遭到搶劫。當小孩長大成人，要去外面世界闖蕩的時候，他的母親說：「我們為你做了這麼多，所以應當分享你的財富。」於是這個小孩就給了母親一大塊自己頭腦裡的金子。

後來，他與朋友一起過著闊綽的生活，但有一天晚上，那個朋友搶了他的財富後逃跑了。眼見金子所剩不多，從那時起，他決定守住自己的祕密，並開始找工作。

有一天，他與一個女孩相愛了，但那個女孩其實只愛他買給她的華麗衣裳。他和她結了婚，且覺得很幸福，但兩年後，妻子死了，他便把所剩的財富都用來為她辦豪華的葬禮。後來一天，他沿街蹣行，窮困又虛弱，心裡很難過，此時他看見一家商店裡擺著一雙漂亮的小靴子，就像是為妻子訂做的一般適合她。他忘記妻子已經死了——也許因為他被掏空的腦袋已經不靈光——便就進了那家店。但是，他一進去就倒了下來，店員只看見一個已經在地上死去的人。

後來死於脊髓病變的都德，在故事的結尾後面寫道：

這個故事聽上去像是杜撰的，但卻從頭到尾都是真實的。有許多人為了生活中最不顯眼的事，付出他們的一切和脊髓。這是一種持續不斷的痛苦，當他們一旦厭倦了這種痛……

母愛，不就是生活中「最不顯眼」，卻又不能缺少的事，並讓許多人矛盾地付出了活生生的自我嗎？

第 2 篇

Das Drama des begabten Kindes

憂鬱與自大：否認自我的兩種形式

小孩被忽略的需求

每個小孩都有著被關注、被理解，被認真對待和被母親尊重的需求，這是合理的期待。在生命最初的幾個星期裡，他需要自己的母親完全服從於他的需要，身不離左右，並能從她眼中看到愛，像鏡子裡的反射一樣。溫尼考特（編案：Donald Winnicott，舉世知名的兒童心理學，因與嬰幼兒接觸的豐富臨床經驗，及對人類發展的獨特見解備受推崇）曾把這景象描述成一幅美麗的圖畫：母親凝視著懷中的嬰兒，嬰兒也凝視著母親的臉，並在那裡找到了自己……，但是這個畫面的前提是：母親是真心地看著這個獨一無二、幼小、孤立無助的小生命的存在，而不是把自己內心的期望、恐懼和計劃投射到他身上。否則，這個小孩在他母親臉上找到的就不是他自己，而是母親內心困境的反射。假若如此，這個小孩今後的生活裡就會缺少一面鏡子，一面他注定終其一生在找尋卻始終找不到的鏡子。

健康的發展

如果小孩今生有幸，從小就擁有一個能夠滿足他的情感需要，並且能夠給予他愛的反射的母親——即一個為了小孩的成長需要，願意自己被當作工具使用的母親——那麼，一個健康的自我感覺就會漸漸在小孩心中萌發。理想的情況是，母親還應該提供小孩必要的情感環境，並且理解他的需求，即使是不特別有愛心的母親，也能讓這種發展成為可能，只要她不故意妨礙小孩的發展，並允許小孩從其他人身上得到她自己得不到的東西。許多研究顯示，小孩在汲取周圍環境中最微小的情感「養分」時，會表現出十分驚人的能力。

我所理解到的「健康的自我感覺」是這樣的：一個人所體驗的情感和需求，毫無疑問地是自己的一部分。這種自信不是依賴記憶可以得到的；它的存在就像人的脈搏跳動，只要運作正常，就不會被感覺到。

這種自發又自然的，與自己的情感和需求的聯繫，能帶來力量，並賦予小孩健康的自我形象。他可以體驗各種感情，包括悲傷，失望，或對幫助的需要，卻不用擔心這樣會使母親產生不安全。當受到威脅時，他允許自己感到害怕；當願望沒有實現時，他允許自己表達憤怒。他不但知道自己不想要什麼，也知道自己想要什麼，並能夠表達出來——不論這麼做的結果是導致他獲得關愛，還是被人怨恨。

如果母親想要給小孩一個他一生都需要的東西，那她萬萬不能做的，就是與自己的新生兒分離。因為，增進和滋養她母性本能的荷爾蒙，會在嬰兒一出生後立刻釋放，並在隨後與嬰兒不斷熟悉的日子裡持續釋出。若新生兒被從母親身邊抱走（這是許多婦產科因無知和貪圖方便的做法，至今仍持續著），會導致母子雙方失去了一個極為重要的相處時機。

嬰兒出生後，透過與母親進行膚觸和眼神的交流而形成的情感聯繫，會在雙方心裡激出一種相互的歸屬感，若能從懷孕起就培養起母子融合為一的感覺，是最理想的情況。嬰兒在這種交流中能得到的安全感，是對母親信任的基礎；而母親從中接收到小孩對自己本能的信任，就能更適切地理解並回應他所發出的訊息。這種最早期的雙方親密體驗一旦錯過，是不可能被再次創造的，而且，如果它從一開始就有所缺失，會對雙方造成嚴重的情感障礙。

這種早期的母子情感聯繫的重大意義，最近才被科學實驗證實。我們希望這一層認識能盡快地在實際生活中被應用，不只是少數婦產科診所，也希望在大多數醫院能被推行，讓所有人都受益。母親若體驗過與小孩之間的這種親密結合，日後虐待小孩的可能性就會減低，並且，當其他照顧這個小孩的人（例如父親、老師和保姆）虐待他時，她也較能保護他。

母親自身情感被壓抑的經歷，可能導致她與小孩之間喪失這種親密感，但是，只要能夠體認其重要性，就能在日後幫助小孩克服這個缺憾。她也能夠彌補由於難產造成的影響，只要別低估其重要性；她還會知道，一個在生命早期受過嚴重情感創傷的小孩，會特別需要被關愛和注意，以克服當前的經驗在心中引起的連帶恐懼。

發展障礙

如果母親不僅不能認識並滿足小孩的需要，反而自身就很需要他人肯定（這經常發生），那會怎麼樣呢？她會無意識地利用小孩來滿足自己的需要。但這並不是說母親對小孩沒有強烈的情感；一般來說，她還是會很愛自己的小孩，但卻不是按照他所需要的方式去愛他。對小孩來說，母愛的可靠性、連續性和經常性是非常重要的，但這些都在母親對自己的利用性關係中喪失殆盡了。孩子首先失去的，是一個可以用來體驗自己情感的基礎，他發展出母親恰恰需要的東西，無疑在當時保障了他的生存（即保證了他父親或母親對他的「愛」），但卻讓他在往後一生中很難再成為他自己。

在這種情況下，切合小孩年齡的天性需求無法完善地發展，反而受到壓抑或分裂。往後的日子裡，小孩將仍不知不覺地活在過往的經歷中，且持續地對早已過去的危險做出防禦，好像它們就發生在眼前現實裡似地。

受憂鬱之苦而前來找我求助的人，通常都有個極度缺乏安全感的母親，本身就經常受到憂鬱折磨。這些小孩大多數不是獨生子便是長子，並被母親視為自己的私人財產。如此一來，他們過去在母親身上得不到的東西，便轉而從自己小孩的身上尋找：終於有了一個能聽任自己差遣、會附和自己且讓自己掌控的人了。這個人完全以她為中心，永不嫌棄她，且能給予她所有的關注和愛慕。當小孩的需求大幅變多時（就如自己的母親過去要求她們那樣），她不再如年幼時那般無力自衛：成年的她，可以拒絕被小孩統治，或把他培養成既不會哭、也不會煩擾她的人。最後，她終於可以放心地獲得她所需要的愛慕、關懷和尊重。

三十五歲的芭芭拉是四個小孩的母親，可是她對自己小時候與母親的關係幾乎沒有任何記憶。治療開始時，她把母親說成是一個重感情，有愛心，甚至在她很小的時候就對她「坦率地傾訴自己煩惱」的人。她還被描述為一個對自己的小孩很關心，並能為家庭的需要犧牲自己的人。在她家所屬的教區裡，常常有人前來向她請教事情。芭芭拉還提到，母親特別以她為驕傲。母親現已年老多病，因此她很擔心母親的健康。她經常夢見母親出了大事，醒來後心裡充滿了焦慮。

在後來的治療中，隨著芭芭拉內心情感的變化，母親的形像在她的敘述中也開始改變。首先，當排便訓練的記憶進入她的意識之後，她開始體驗到，母親是一個要求很多、控制欲很強、冷酷、小氣、頑固、易怒且難以取悅的人。她後來對童年時母親的許多回憶，也都證實了這些性格特徵。芭芭拉這時才為長期以來被壓抑的憤怒找到原因，並發現了母親究竟是個什麼樣的人。她終於意識到，當母親在與她的關係中感到不安全時，實際上經常是冷酷並且相當粗暴的。她對小孩滿懷焦慮的關心，實際上是為了逃避自己的攻擊性和嫉妒心。由於母親自己小時候經常受到羞辱，所以她需要以女兒對她的重視來補償。

在治療中，芭芭拉第一次體驗到自己曾在十歲時被迫壓抑的一次巨大恐懼和憤怒。那天是她母親的生日，她從學校回家，發現母親閉著眼睛躺在地上。芭芭拉驚叫，以為母親死了。這時，母親卻高興地睜開眼睛說：

> 妳給了我最好的生日禮物。現在我終於知道妳愛我了，終於有個人愛我了。

幾十年來，對母親的憐憫和同情，使芭芭拉體認不出自己曾是如何被殘忍地對待過。後來，受到某件事的激發，這個記憶終於浮現，並伴隨深深的悲憤和怨恨。漸漸地，母親的兩個不同形象被融合為一：這個人的弱點、不安全感和極度敏感，使她不惜任何手段也要讓小孩聽從自己的擺布。這個表面上看起來正常的母親，實際上也仍是個小孩——一個被迫與自己的情感隔絕的小孩。而她的女兒，則承接扮演理解和關愛母親的角色，直到透過與自己小孩的關係，才發現了從前被母親所忽視的需要。在她發現自己過去的故事之前，她強迫孩子們為她的需求服務，一如她母親曾對她所做的一樣。

愛的幻覺

多年來因為工作，我與許多首次來諮商的人會面，一般一到兩次面談後，我會再把他們轉介給其他同事。在這些短暫的會面裡，他們經歷的悲劇會無比清晰地展現在我面前。許多人體驗的抑鬱、空虛或無價值感，以及對身心枯竭的恐懼和孤獨感，可以被看作是在童年就已失去自我所造成的悲劇，他們成年之後，便表現得對自我完全疏離。

我目睹過各種混合各種微妙狀況的所謂自戀障礙。為了清晰起見，我想談談兩種極端的表現形式，它們就像是錢幣的正反兩面——自大和憂鬱。在自大的背面，憂鬱總是如影隨形；而在憂鬱情緒的背面，則時常隱藏著一種無意識的（或有意識，但是被分離的）悲劇感。事實上，自大是用來抵禦憂鬱的，而憂鬱則是為了防衛因為否認事實而失去自我的深切悲傷。

自大是自我欺騙

一個「自大」的人處處受人稱羨，而他們也很需要這種羨慕；事實上，如果不被人羨慕，他是無法生存的。無論做任何事，他一定要做得出色，當然，他也一定做得到（否則他根本沒有興趣去做）。他也很欣賞自己的特質：如不凡的外表、聰明、才華洋溢、成功以及種種成就。不過，當其中有一樣不再令他滿意時，就要小心了，那時嚴重的憂鬱症就會如災難般地降臨。

一般人認為，失去健康和生命活力的病人和老人，或是停經的婦女，是有理由感到憂鬱的一群人。但事實是，有些人能夠忍受失去美麗、健康、青春、或者失去親人，儘管也感到哀傷，但並不憂鬱。相反地，有些人很有天分，更準確地說，往往是那些最有天分的人，承受著嚴重的憂鬱之苦。因為，唯有當一個人的自我形像是建立在自己真實情感上，而不是在擁有某些特質上時，他才有可能擺脫憂鬱。

當一個「自大」的人自我形象崩潰時，將清楚地暴露出那個自我形象實際上是漂浮不定地懸掛在半空中的。有個病人在夢中發現自己「好像吊在一個氣球上」，那個氣球順風時可以飛得很高，但是當它突然被戳了一下之後，就會像片破布一樣摔到地上，因為，從來沒有任何真正的力量和支持在他內心生長過。一旦他無法達成被賦予的期望，自大的背後，便埋藏著危險的羞愧感1。

如不經過治療，自大的人是不可能自己切斷在被稱羨與被愛之間的悲劇性關係的。他們饑渴地尋求稱羨，卻永不滿足，因為稱羨並不是愛，只是他對尊重、理解和被認真對待等基本需求的替代滿足，而這些需求，從童年起就以無意識的狀態存在著了。人的一生，有時就奉獻給了這種愛的替代性需求。只要真正的需求沒有被感覺和理解，他就會不停地為得到愛的幻覺而拚命。正是因為這樣，那個已不再年輕的、屢次獲得過國際大獎的世界級著名攝影大師在一次訪談中說：「我永遠覺得做得還不夠好。」但是他並沒有釐清為什麼會有這種感覺。顯然，他從來沒有想過，他所表達的憂鬱情緒可能與他父母對他的要求有著密切關聯。

有一次，有個病人談到他總是有踩著高蹺的感覺。像這樣的人，難道不會嫉妒那些看上去雖比自己「矮小」，但卻更「正常」，可以用自己的雙腳走路的人嗎？難道他不會對那些使他一離開高蹺就感到害怕的人感到憤怒嗎？他也會嫉妒健康的人，因為他們不必用不斷的努力去換取被別人的稱羨；而且，由於他們不必非得去做某些事來炫耀自己，所以他們能享有做「一般人」的自由。

1　一九五四年，美國馬里蘭州徹斯那特醫院（Chestnut）進行的研究，調查了十二個來自不同家庭背景的躁鬱症患者。研究結果有力地證實了我透過其他方法所得出的，有關憂鬱症發病原因的結論：「這些病人都來自社交隔絕的家庭，且感到自己極少受到鄰居的尊重。因此他們都透過團結一致和突出的成就來提升自己在鄰里的威信。其中一個小孩，後來他病了，就曾在團體中努力扮演了一個特殊角色。他被要求保證維護家庭的榮譽，而家庭對他的愛，完全取決於他如何用他的特殊本領、才能、不凡特質等，來履行家庭給予他的責任。如果他做不到這些，他就會遭到冷落，或被趕出家族之外，並深感自己為家族帶來了莫大恥辱。」（M.Eicke-Spengler, 1977，p.1104）

自大的人從來都沒有真正自由過：因為首先，他們過度地依賴被別人稱羨；其次，他們的自我尊重完全仰賴於某些特質、發揮的功用和各種成就，而這一切是會驟然消失的。

憂鬱是自大的反面

在許多我所治療過的病人身上可發現，憂鬱和自大在許多方面都形影不離：

●自大的人有時會因為病痛、殘疾和衰老而憂鬱。例如，對一個未婚女人來說，讓她得到外在肯定的來源會隨著年齡而枯竭，因而不再源源不絕地接到對魅力的讚賞；但在過去，這些讚賞對於母親沒能給予她的肯定，發揮著直接的支撐與替代的作用。從表面上看，她對於變老的失望是因為性生活的消失，但更深一層去看，卻是因為早期被遺棄的恐懼如今又重新復活了，而且沒有了任何新的征服物來平衡原始的恐懼。她所有能為她帶來正面肯定的替代物都粉碎了，因而再一次無助、迷茫，就像那個曾經站在母親面前的小女孩——在臉上看到的，不是自我的反射，而是母親內心的迷茫。

對男人來說，即使新的戀情可能在短時間內喚起青春幻覺，並在老化引發的憂鬱初期造成暫時的躁鬱期，但他們也經常以和女人類似的方式，體驗著變老的事實。

●在自大和憂鬱交替出現的期間，有些共有的特點可以被識別出來。它們是一個「獎章」的正反兩面，可稱為「虛假的自我」。這個獎章的確曾為主人贏得成就。舉例來說，一個演員正值事業頂峰，可以在狂熱的觀眾面前表演，並體驗極度的非凡和成就感。但如果他第一天晚上感受到的幸福不僅來自於他表達、詮譯角色的創造性活動，也來自於，甚至主要來自於取得自己早期從父母那兒得不到的基本需要的替代滿足（替代父母對他的反應、肯定、重視和理解），那麼他的空虛感、無力感、甚至是羞辱和憤怒，便會在第二天一早回到心裡。如果前一天晚上的成功只是對童年受挫經驗的否認，那麼，就像所有替代物一樣，只能帶來暫時的滿足。事實上，體驗真正的滿足已經不可能了，因為關鍵時機已過，不可逆轉。過去的那個小孩已經不存在了；同樣，過去的父母也不存在了。屬於現在的父母（如果仍在世）已經變老，需要依賴別人的幫助；他們再也無力支配兒子，但也許會為他的成功和偶爾的拜訪欣喜萬分。而今，這個兒子雖然享受著成功和他人的肯定，但這些所他帶來的也只是現實價值的東西；它們不可能填補過去的空白。只要他持續借助幻覺（即成功的陶醉）否認這個需要，過去的傷痛就不會癒合。憂鬱只能使他更加接近舊傷口，唯有透過體驗在關鍵時刻失去的情感的悲哀，傷痛才會真正癒合2。

● 能持續保持出色成就的人，有時能因此得到被父母持續關愛且總是陪伴在身邊的幻覺（他現在對父母早期不在身邊徹底否認，如同他對待自己的情感反應一樣）。這樣的人通常能透過不斷提升的出眾表現來抵擋可怕的憂鬱，但卻欺騙了自己和周圍的人。不過，這樣的人常常會選擇已經有很明顯的憂鬱傾向的人結婚，或至少在婚姻當中，他的伴侶會無意識地接收並觸發他那自大的憂鬱傾向。如此一來，憂鬱就被擋在外面，並且那個自大的人可以照顧他「可憐的」伴侶，像保護小孩一般保護，因而感到自己很強大且不可或缺，藉此獲得建構自己性格所需要的另一個支柱。而實際上，這個性格並沒有一個安全的基礎，因為它仰賴的是成功、成就和「力量」，而最根本地，它是靠著否認童年的情感世界在支撐的。

雖然從外觀看，憂鬱和自大很不同，且有著更顯著地表達失去自我後的悲劇特

2　讓我引用一段俄國音樂家史特拉汶斯基（Igor Stravinsky）的話，作為成功體驗哀傷的例子。「我認定是我的命不好，所以我的父親在精神上與我疏遠，甚至母親也不愛我。當大哥意外死去以後（那時，我的母親把對大哥的感情轉移到了我身上，而父親仍舊像以前一樣沉默寡言），我決心有一天要向他們表明我的感情，而這一天來了又過去了。沒有人記得這一天，除了我，作為自己的唯一見證人。」這與愛爾蘭文學家貝克特（Samuel Beckett1）說過的話截然相反：「你可以說我有一個幸福的童年，雖然我並沒有多少表現幸福的能力。我的父母盡了他們最大的努力使我幸福，可是我總是感到非常孤獨。」貝克特的童年悲哀被完全壓抑了，而對父母的理想化在他的否認的幫助下得以保存下來，並使他童年裡無邊的孤獨在他的戲劇中得到了表現。（見Mueller-Braunschweig, 1974）

徵，但是它們仍有許多共同的地方：

- 虛假的自我導致了真實自我存在可能性的喪失；
- 由於對自己的情感和企望缺乏信心，造成了脆弱的自我形象；
- 完美主義；
- 否認被拒絕的情感；
- 一個佔絕對優勢的利用性關係；
- 極度恐懼失去愛，因此產生無條件服從；
- 被分裂的攻擊性格；
- 極度敏感；
- 極易感到被羞辱和內疚；
- 內心的焦慮不安。

憂鬱是對自我的否認

憂鬱，包含著一個人對自己真實情感反應的否認。這種否認源於童年時為適應父母需求而作出重大改變的需要，證明早期創傷確實存在。即使是最簡單的情感自由，許多小孩從小就沒能體驗過，包括：不滿意、不高興、憤怒、痛苦、甚至是飢餓，當然，還包括享受自己身體的樂趣。

四十八歲的碧楚絲是一對傳教士夫婦的女兒，一直深受憂鬱折磨，甚至連自己餓不餓都不知道。她母親曾驕傲地在日記裡記錄，碧楚絲三個月大就已經學會等人餵食，耐得住餓，不哭也不鬧。因為，任何不滿意和不高興的表達，都會使母親心煩意亂，小孩的痛苦也令她焦慮不堪；甚至是小孩對自己身體的享受，既激起她的嫉妒，又讓她惱羞成怒地擔心「別人會怎麼想」，種種情況，讓小孩很早就知道了她不應該有什麼樣的感覺。

如果我們拋棄理解自身生活的鑰匙，那麼，無論如何聲稱自己是精神科醫師或科學界權威，或兩者都是，我們憂鬱的成因，以及所有的痛苦、疾病和痊癒，都必然難解其謎。如果一個幾十年經驗的精神科醫師從來不敢面對自身的真實，反而耗費自己和病人的時間大談所謂「問題家庭」時，他們就需要用一種類似「超乎個人的力量」或者上帝的概念，來為自己解釋關於痊癒「奇蹟」。他們會像一群忠實地按圖索驥的人，卻不知道他們第一步就弄錯了方向。由於一開始就迷失了路線，所以他們對地圖所抱持的「科學性」忠誠並不能帶來預期的結果，也無法帶他們前往目的地。讓我來舉個例子說明。

有位讀者寄給我一本由精神科醫師寫的書。醫師在書中爭辯說，虐待、忽視和在童年時受父母在情感上的利用，並不是精神疾病的唯一原因。他認為，必然還有其它超越理智的原因，才能解釋為什麼有些人顯然從災難性的虐待影響中逃出，或至少痊癒得較快，而另一些人，卻似乎受到更深重，或持續更久的痛苦。他懷疑這必定是「恩典」的結果。

這個醫生談到一個病人的情況：

他出生後的第一年就與單身母親生活在極端的貧困之中，後來又被福利機構帶走，不得不與母親分開生活。他被送到一個又一個的寄養家庭中，在每個地方都遭受到嚴重的虐待，後來變成精神病患。但是，他卻比其他人都恢復得快，好像被虐待的經歷也比別人少似地。

讓我們想一想，這樣一個在童年和青春期忍受過難以言說的殘酷經歷的人，怎麼可能如此輕易地就從症狀中解脫出來呢？這真的是因為上帝的幫助嗎？

許多人喜歡聽到這類解釋，卻不去思考一個非常重要的問題：為什麼上帝不願意幫助這個醫師的其他病人，也不願意在這個病人小時候遭到無情痛打時伸出祂慈愛的手呢？是上帝的恩典幫助了這個小孩，還是抗憂鬱藥片百憂解（Prosaic）的功效解釋了這一切？如果這個病人的母親，不論生活多麼艱難，仍然能給予她兒子真正的愛、尊重、保護以及出生後第一年的安全感，那麼他的生命就會有一個較好的開始。如果他的身心完整，沒有在出生後第一年就受到像碧楚絲那樣的創傷，他就能更妥當地應對後來生活中的虐待事件。

碧楚絲在年幼時並沒有受到身體上的虐待，但是她從嬰兒時起，就學會如何不哭鬧也不去感覺飢餓，不表達任何需要，好讓母親高興。她先是得了厭食症，後來長大以後一直與憂鬱症形影不離。精神科醫師在談到「恩典」和「現實以外」的因素時，實際上否認了這種類型的傷害。為了承認這些早期隱藏的創傷的影響，他們必須先努力檢查自己。一旦他們願意面對事實——他們自己的事實時，就不會再以科學的名義去教導別人關於恩典和其他的「奇蹟」了。

不加思考地依賴傳統觀念和信仰，經常會妨礙或否認生命歷程的真實情況。如果失去了與事實接觸的自由，我們愛人能力的源頭就被切斷了。所以，那些善意的道德召喚，如要愛別人、關心別人、寬容別人等等，往往無效。如果我們被禁止知道事實——關於我們的父母、照顧我們的人和自己的事實，我們就不可能真正地去愛別人。我們只能盡力表現出很有愛心的樣子，但是這樣虛偽的行為恰恰是愛的相反。它欺人耳目，蠱惑人心，並且使被騙者的心裡產生很多無奈與憤怒。這種憤怒在虛偽的「愛」面前必須受到壓抑，特別是當一個人必須像小孩一樣依賴另一個人，而這個人卻偽裝在愛的幻覺面具後面時。

如果宗教領袖們能夠承認、並尊重這簡單的心理現象，那麼我們就能在讓人們變得更為誠實、懂得尊重、更有意識等等，以減少自我毀滅。他們應該睜開眼睛看一看虛偽對家庭和整個社會所造成的巨大破壞，而不是忽視它們。從薇拉希望我引用的一封信中，我們可以清楚地看到關於這種欺騙對人的蠱惑和傷害。而瑪雅的經歷則說明，當她從過去的壓抑中得到釋放後，對小孩自發的愛終於逐漸在生活中成為可能。

五十二歲的薇拉是這樣寫的：

我從青少年起就酗酒，最後我終於在「匿名酗酒者協會」的幫助下清醒過來。

我對自己能從酒癮中解脫感到非常感激，先後參加了十一年每星期一次的小組聚會。長久以來，我竭力忽視和否認自己對那兒發生的道德議題的批判。一開始，我甚至沒有注意到自己已經出現的嚴重疾病（後來被診斷為多發性硬化症），並且對出現的種種症狀視而不見。直到我的憂鬱情緒持續出現，又不消失，我才開始面對自己的事實。

一開始是很困難的。當我終於想起一些被壓抑的記憶時，它們幾乎令人難以承受。我想放棄。但我的好奇心和痛苦比恐懼更強烈，所以我決心繼續往前走。在第一年深入的治療中，我一些身體症狀消失了。現在，經過三年的治療，我終於明白：為了使我從危險的昏睡中清醒過來，這些身體症狀必須出現，這樣我才能夠認真對待自己的情感、觀念和想法。

譬如，我察覺我總是對小組討論中關於「無條件的愛」感到憤怒不已。表面上，我被期待去理解和感激所有小組成員給我的無條件的愛。我被要求學會去信任他們，如果我不這麼做，就會感到內疚。我得到解釋是，我之所以完全不信任和不相信愛的存在，是由於我從來沒有從我有問題的家庭裡得到過愛。我完全接受了這種解釋，因為我是如此需要得到愛，並需要相信自己的確是被別人愛著的。我不可能懷疑這種解釋，因為虛偽是我母親從小就給我吃的家常便飯；它對我來說如此熟悉，雖然從未被懷疑過。不過現在我已經能夠去懷疑那些不足以說服我的事情了。

今天，我想說的是：只有小孩才需要（絕對需要）無條件的愛。我們必須把愛給予我們所照顧的小孩，不管在他們迷人地微笑時，還是在哭泣和喊叫時，都必須徹底地去接納他們。但是，以犧牲自己的需要為代價，假裝無條件地去愛另一個成年人，就意味著我們甚至應該去愛一個冷血的連環殺人犯，或一個惡名昭彰的說謊傢伙——僅僅因為他也加入了我們的小組。但我們做得到嗎？這值得一試嗎？這又是為了什麼？又為了誰？當我們說我們無條件地愛一個成年人時，其實只是在證明自己的盲目和虛偽。只是這樣。

在那些我很久以前參加過的小組聚會上，我忍受了諸多令人困惑的宗教傳統做法，剛剛談到的不過是冰山的一角罷了。我把這些醒悟歸功於我自己的努力。這種獨立思考的能力，是我在內心與父母的對話過程中所產生出來的。而當我坐在那些小組裡討論時，我從來都沒有產生過這種有意識的疑問。我是這樣不顧一切地想被人愛，而這自然就意味著去適應、服從。事實上，那種地方能給人的「愛」是非常非常有條件的。

薇拉是對的。身為成年人，我們不需要無條件的愛，甚至包括治療師對我們的愛。無條件的愛是童年的需要，是一種長大以後就再也不可能被滿足的需要；如果我們從來沒有為失去這個機會而悲傷過，我們就仍會活在幻覺裡。但是，我們能夠從好的治療師那裡得到另外的東西：可靠性、誠實、尊重、信任、同理、理解和分辨自身情感的能力，以防止這些情感對病人造成干擾。因此，如果治療師向病人保證了無條件的愛，我們就必須提防他的虛偽和無知可能造成的傷害。

薇拉在她孤獨的努力下，獲得了重要的發現，這不僅歸功於她使用的方法，也在於她想要發現事實，並擁有不再被欺騙的決心。當她一旦注意到自己身體裡的變化，這些變化就會支撐她繼續向前走。

三十八歲的瑪雅，在第三個小孩出生幾個星期之後來見我。她告訴我，這個小孩的出生使她感到無比自由、充滿活力，與她在另外兩個小孩出生時的感覺有著天壤之別。她當時覺得另外兩個小孩無時不在過分地要求她，使她感覺自己像個囚犯，被他們利用和剝削。她對他們的無理要求做了反抗，卻又覺得自己這樣做很不好：正如處在憂鬱情緒中一樣，她與自己真實的自我分離了。她認為對另外兩個小孩的反應，可能與反抗她母親從前對她的過分要求有關，因為這一次她體驗到的心情竟是如此不同。她過去拚命想要得到的愛，現在終於自動出現了。她既可以享受和小孩在一起的融洽感，也能享受和自己在一起的感覺。下面是她後來關於她母親的談話：

我是我母親皇冠上的寶石。她常說：「瑪雅很可靠，總是與我合作無間。」是的，我當然是合作的：我幫她帶大了弟妹，讓她能夠繼續她的職業婦女生涯。她的名氣越來越大，而我卻從來沒看見她高興過。有多少次，我希望她傍晚時能待在家裡。弟妹們哭鬧時，我安慰他們，但我自己從來不哭，誰會喜歡哭鬧的小孩？我必須是能幹的、懂事的、知道自我節制、從不過問她的事，也不向她表示我多麼想她時，才能得到她的愛。如果我不這麼做，就會妨礙到她的自由，而那是她最需要的東西。她會因此跟我反目。那時候，沒有一個人會猜想到，這個安靜、能幹又讓人離不開的瑪雅是多麼地孤獨和痛苦。除了為母親感到驕傲，並幫助她，我還能幹什麼呢？我母親心中的空洞越深，她頭上的寶石就必須越大。我可憐的母親需要這些寶石，因為歸根究柢，她的所有成就都是為了壓抑某種東西，也許是某種渴望，我不知道……也許，如果她有幸不只是一個生理意義上的母親時，她才能發現那是什麼。

但是，這一切又全在我的彼得身上重演了！多少空虛時刻，小彼得不得不和替代我的人在一起，好讓我能得到我的「自由」，但這只會使我離彼得和我自己更遠。現在我知道，當我遺棄他時，實際上是在想辦法逃避我自己的情感。我並不知道自己那時到底在做什麼，因為我從來沒能體驗過被我壓抑的遺棄感。只有現在，我才開始認識到，沒有皇冠或寶石的母性應該是什麼樣的。

德國一本試圖公開評論禁忌事實的婦女雜誌，曾刊登一封讀者來信，信中的婦女坦率地描述了她身為母親慘痛的經驗。她在報告的結尾這樣寫：

接下來是餵母乳！小孩被放在胸前的位置不對，很快我的奶頭就全被咬了。天呵，疼死人了！僅僅過了兩個小時，一切又開始了：這次是吸另一隻……又是同樣的經歷……當他吸吮的時候，我疼得大叫，並開始詛咒。這一切太可怕了，很快我就不能吃東西了，並發燒到攝氏四十度。後來，我被允許給小孩斷奶以後，才突然感覺好多了。有很長時間，我沒有任何母性的感覺，彷彿如果我的小孩死了，我也不會在意。所有的人都覺得我應該高興極了。失望之中，我打電話給一個朋友，她告訴我，如果我不停地為小孩忙碌，讓他總在自己身邊轉來轉去，我就會喜歡他的。可這對我還是沒用。直到我可以重返工作，只在下班以後才看見他時，我才開始喜歡他；也就是說，我是把他**當作分散工作壓力的玩具**去喜歡的。不過坦率說吧，一隻小狗也能發揮這個功用。現在他一點一點地長大了，我知道我**可以訓練他，也知道他很忠於我，信任我，我開始對他產生溫柔的感情**，並很高興他在我的身邊。

我寫這些是因為我認為，現在終於應該有人說出來：世界上本沒有母愛這回事，更別提什麼母性本能了（編案：見《Emma》，07.1977；粗體字為作者畫上）。

實際上，這個母親既不能真正體驗自己的悲劇，也不能體驗小孩的情感，因為她那在情感上不可觸及的童年，才是這個故事的真正開始，以及解開它的鑰匙。所以，她所說的話是不正確的。事實上，母愛和母性本能都是存在的，如果動物沒有遭到人類虐待時，我們便可以在牠們身上看到二者的作用。女性也一樣，愛、支持、保護和哺育小孩並從中得到樂趣的能力，是被設定在天生本能裡的，但是，如果我們在童年曾被父母利用，成為他們自己需求的替代滿足，我們就被奪走了這種源於本能的能力。但幸運的是，就像下面瓊安娜的故事所顯示的，一旦我們決心面對事實，仍然可以重新恢復這些能力。

瓊安娜二十五歲，在接受治療前不久剛懷孕。她曾為小孩的出生做了充分的準備，且很享受和健康的新生兒在相處的時間。她很高興自己有充足的奶水，也期待著母乳喂養的樂趣。但是突然間，沒有任何明顯的原因，她的乳房變得又硬又疼，她自己也發起高燒來了。當護士不得不用奶瓶給小孩餵奶時，她覺得自己快要發狂了。

在發高燒期間，瓊安娜做了惡夢，反覆地夢見自己被父母和朋友性侵犯的許多細節。幸好在自我治療中被喚醒的情感，讓她能體驗到對遭受強暴、背叛、以及失去了滿足自己小孩需要的能力的震怒。他父母犯下的最後一個罪過尤為痛恨。她後來說：

他們在我三個月大時就奪走了我母性的本能。由於所發生的事，我不能給我自己的小孩餵奶，儘管我是那麼迫切地想要那樣做。

她花了很長時間才能在自己內心與父母對話，表達出所有積壓在體內的憤怒和仇恨，並在最後克服了性侵犯的後遺症。

甚至，在痊癒之前，瓊安娜自願面對可怕事實的做法，已經讓她體溫降低，乳房的情況也獲得改善。當她能夠給小孩餵奶時，小孩很快就放棄了奶瓶。護士對此非常驚訝，因為她曾堅定地認為這是「絕對不可能的」。

和小孩相處讓瓊安娜感到快樂，能夠去愛、去保護、去哺育、並能懷抱著小孩，猜想他的需要，讓她很享受。但是，這種幸福的感覺一次次地被周期性的懷疑和恐懼所驚擾，她害怕如果她繼續做這件令人快樂的事，災難就會發生。由於學過心理學，她猜想自己可能有強迫傾向，因此出於純利己的目的不得不利用兒子來滿足需要。她的朋友也同意她痛苦的自我譴責，還警告她說，她現在太「放任」小孩了。他們教她，小孩須從一開始就知道規矩，不然會變成暴君。瓊安娜一直都反對這種見解，可是事關自己的小孩時，她卻又出奇地敏感，馬上覺得困惑。

治療幫助她一遍又一遍地找到了方向。她反覆地發現，能夠不怕被背叛、被利用和被侵犯而執意去愛、去表達愛，對她來說是多麼重要。這種愛給了她一種完整的感覺，就像在身心被傷害之前曾有過的一樣。她逐漸能與父母進行的內心談話，在談話中，她說：

我愛邁克，我想愛他。我的靈魂需要這份愛，一如身體需要空氣。但是我太習慣於用全部精力和智力來抑制我的需要了。我想我必須從這種慣性「解放」，因為它是「錯誤的」。為什麼？你們到底是怎樣讓我相信這些愚蠢的事情的？也許是在我很小的時候，你們就教我，小孩不值得被尊重，他不是一個人，可以像玩具一樣被玩弄；他可以被忽視，被虐待，被威脅而沒人必須承擔後果。正是這種訊息，這種你們發出的訊息，使我仍然不時困惑，使我感到自己仍在被過分地要求，並且身心疲憊。但是，我還是不敢體驗我對你們的憤怒，卻對邁克表現出不耐煩。怪罪邁克妨礙我的自由似乎能讓我感覺好些，畢竟他佔用了我那麼多的時間。但錯的不是他，我只要看著他的眼睛，看見他眼裡的無辜和誠實，我就知道：我再次用他為代罪羊來保護你們了。

一個被愛過的小孩，從一開始就會知道什麼是愛。而一個像我這樣被忽視、被利用、被虐待的小孩則是不會知道的，因為她從來就沒有機會去了解被愛的感覺。但是我現在知道了，是從邁克那裡慢慢學到的。我還知道，不論你們給我的資訊是什麼，我一定會成功。因為我現在知道我是多麼需要去愛，並對我自己愛的能力深信不疑。

我認為，瓊安娜為了得到自己真實情感所付出的努力，不但拯救了孩子的未來，也拯救了她自己的生活。而另一個個案的故事則告訴我們，如果一個經歷過性騷擾的小孩不去努力尋求治療幫助，會是什麼後果。

五十歲的安，在臨終前幾天寫信給我說：

今天，已成年的子女們來探望我。我一生中第一次意識到我被他們愛著，且一直都是這樣，但我卻今天才第一次知道。我曾經不斷地拋棄他們，跟不同的男人跑了；實際上，我一直在不斷地逃離孩子們，以及我對他們的愛，逃離我的真實情感，逃進與各種男人的性享樂中，而他們除了給了我數不清的痛苦之外，從來沒有給過我真正需要的愛、理解和接納。當我還是嬰兒時，我父親就透過掌控我來讓他自己快樂，那經歷與痛苦、憤怒相聯，是為了逃避真愛的。這難道不反常嗎？可是我一生都沒有能從中解脫。現在，我全明白了，可是為時已晚了。

說它太晚了，是因為雖然安可以認識到並理解她過去的生活裡發生了什麼，但是她能體驗到的憤怒和憎恨，只是針對她的男性伴侶的，而不是父親。正如她在信中寫的，她仍然「愛」，並尊重著她的父親。

治療中的憂鬱階段

只有憂鬱找上門而被迫尋求治療時，自大的人才會就範。當自大的防衛機制仍然有效，這種形式的情感障礙就不會帶來明顯的痛苦壓力，唯有其他家人（配偶或小孩）因憂鬱或身心疾患而被迫尋求心理治療時，他的問題才會暴露出來。在治療工作中，我們向來只遇到過伴隨憂鬱的自大症狀，但另一方面，幾乎在所有病人身上，我們都會發現憂鬱的症狀，它們或以明顯的疾病形式表現，或以明顯的周期性憂鬱情緒出現。這些週期的情緒發揮著不同的作用。

信號作用

治療中經常發生這種情況：當病人剛進來的時候，他不斷抱怨自己的憂鬱心情，後來離開諮詢室時，卻經常流淚滿面，感到輕鬆不少，不再憂鬱了。這種病人可能是因為終於能夠體驗到長期對父母一方壓抑的憤怒，或是終於能夠表達出他的不信任。也許，他第一次對自己沒真正活過的過往歲月感到悲傷，或是宣洩了因即將到來的假日而必須與治療師分離的怒氣。哪種情感比較明顯並不重要，重要的是它們被體驗了，終於觸及了被壓抑的記憶。憂鬱則是這些記憶被接近和被否認的雙重信號。如果當前發生的事情能使這些被壓抑的情感得到釋放，憂鬱便會消失。這種情緒可能標誌著，曾經被拒絕了的那一部分自我（包括情感、幻想、願望和恐懼）現在已強大起來，不必再依靠自大來維繫了。

壓抑重要需求

三十九歲的瑪麗如果在治療中觸及了她的核心問題，便經常在治療結束時感到被理解並心滿意足。但是，她如果馬上就去參加一個派對，或是類似不重要的場合去擾亂自己，她就會再次感到孤獨和無助。幾天以後，她就會抱怨自我隔絕的痛苦和空虛，再次感到迷失。她這樣做，實際上是主動地（雖然是無意識地）激發了一個她小時候經常發生的情境：每當她藉著富於想像力的活動獲得真實的自我感覺時，她的父母就會要她去做「更理智的」的事情，去爭取得到什麼；這時，她那剛剛展開的內心世界就又關閉起來。她收回自己的情感，再次憂鬱，不敢冒險去表達一個正常的反應——很可能是憤怒。

身為成人，如果能允許自己面對過去留下的問題，並努力修復，就能夠體驗以前的憤怒，對曾有的不當對待抗議，並重新發現被自己壓抑的需要。如此一來，憂鬱的防禦作用就失去了存在的理由，從而消失。如果瑪麗能讓自己知道那一刻她真正的需要，她就不會再逃進派對這類活動；相反地，她可能會避開這種場合，花時間和自己的悲傷共處。

積壓強烈和隱祕的情感

在童年積壓的強烈情感爆發之前，會有一段長達幾週的憂鬱期，似乎企圖將那能量隱蔽起來。而當病人體驗到憂鬱的情緒時，常伴隨重要夢境，夢裡包含與被壓抑情景相關的意義和聯繫。病人此時又會感到充滿活力，直到象徵著新問題出現的另一個憂鬱階段到來。病人也許會這樣形容：

> 我再也感覺不到自己了。我怎麼可能再一次失去自己？我與內心的一切都失去了聯繫。什麼希望都沒了，不可能變得更好了……。一切都毫無意義。我渴望體驗先前那種充滿活力的感覺。

這時，情感的爆發可能會出現，伴隨強烈和正當的譴責。只有在這個爆發過去之後，與壓抑經驗的新關係才會清晰浮現，新的活力才會被感覺到。只要這些譴責是針對那些曾經傷害過我們的人，巨大的解脫就會出現。但是，如果這些指責是不公正的，或被轉移到無辜者身上，憂鬱就仍會繼續存在，直到所有關係完全被擺正。

面對父母

有時候，即使病人已經開始反抗父母的要求，憂鬱的情緒仍會出現，這是因為許多事情仍然被無意識地壓抑著。譬如，他也許能夠反抗父母對他追求成就的要求，儘管他還沒有完全從這種要求中解放出來。然後，他就會再一次鑽進毫無意義地、過分要求自己的死胡同裡，直到憂鬱情緒出現時，他才意識到這一點。他也許會談到類似下面下的經驗：

前天我快活極了，我的作業很輕鬆地就完成了。我可以做比一整個星期的考試計劃還要多的事。然後我就想，我應該利用這種好心情，在傍晚時再準備一章功課。結果我做了一個晚上，卻毫無熱情可言了。第二天，我就什麼也不想做了。我覺得自己笨極了，腦袋裡什麼也沒有了。我不想見任何人，感覺就像我過去得了憂鬱症時一樣。然後我就「翻回上一頁」（編案：指回溯自己過往生命，回到當時當下的那一刻），終於找到了這情緒的根源。當我開始讓自己做越來越多的事情時，我實際上是在濫用我的愉快心情。但是為什麼呢？這時我記起我母親經常對我說的話：「你能把那件事做得很棒，你現在當然也能做這一件……」我怒火中燒，推開了書本。但是我相信自己，我知道何時我會再回去看書的。我當然知道，這點是毫無疑問的。不過當我意識到，我又一次超越了自己的局限——我知道自己多麼憤怒，也知道為什麼憤怒時——憂鬱就消失得快多了。

內心的牢獄

每個人都能從自己的經驗中知道什麼是憂鬱，這些情緒既能直接表達出來，也會透過隱祕的身心疾病形式來反應。如果我們觀察得夠仔細，就不難發現：每當一個人壓制自己的衝動或是他認為不應該有的情感時，憂鬱的情緒幾乎就會規律地向他襲來。接下來，這個情緒就會突然凍結他內心所有自發的東西。舉例來說，如果一個成年人在失去摯愛的親人之後，不能去體驗悲傷，而是想辦法去分散悲痛；或者，由於害怕失去友誼，他有意識地壓抑（suppress）、隱藏著對這個被理想化的朋友的行為所感到的憤怒，他就可能就得等著憂鬱造訪了（除非他自大的防禦機制仍在服務他）。當他開始注意到這些關聯時，他就能從憂鬱情緒中到幫助，並利用它們來了解關於自己的事實。

當我們經歷了幾次強烈的對童年早期情感的宣洩之後，就可以釋放長期的憂鬱情緒，這樣的經驗會使我們逐漸改變對待「不應該有的」情感的態度——首先是痛苦的情感。我們發現自己不再被迫去重複體驗失望、抑制痛苦和憂鬱的舊感覺模式，我們有了對待失望的不同選擇：即體驗痛苦，而不是迴避它。唯有這樣，我們才能獲得進入童年經歷的通道，進入過去一直被隱藏的命運，以及自己另外的部分。

但是，對一個孩子來說，這種可能性卻不存在。因為他看不穿自我欺騙的本質，尤其，如果他沒有一個對他支持和同理的環境，他會比成年人更害怕自己強烈感情；此外，他還要面對來自外界的真實危險。與小孩相反，成年人只要勇於去感覺，並不會面臨危險；雖然他對童年恐懼的原因，儘管是是無意識的，仍可能在第一次體驗時讓他感到害怕。

人在童年裡最強烈的情感，只有到青春期才能發現。由於童年的經歷經常被掩蓋在田園詩般的美麗畫面之後，甚至是完全的失憶，人們對青春期痛苦的回憶（包括不能被人理解、對衝動不知所措等），往往比童年早期創傷更容易讓人了解。也許，這正說明為什麼成年人比較懷念童年，而很少留戀青春期。對大多數人來說，渴望、期待及害怕失望這些混合的情感，總是在童年的歡樂回憶裡伴隨出現，這也許正說明了他們在尋找那時就已經喪失了的情感的強烈度。

正因為小孩的情感如此地強烈，所以被抑制便會產生嚴重後果。而他內心的這個囚犯越是堅強，牢獄的牆也就必須加厚；不幸的是，這牆還會妨礙或完全阻止他後來的情感發展。

有個病人在結束治療時，表達了他內心的牆倒塌後的新認識：

並不是那些美麗和愉快的情感給我新的領悟，相反地，正是那些我竭力反抗的、那些悲傷孤獨，讓我感到自己一文不值、渺小、卑賤、無助、丟人、不如意、心懷怨恨、困惑不解的情感啟發了我。正是透過這些我一直想迴避的經驗，我才真正地明白我對自己的生活有了理解，這來自我靈魂深處的理解，是任何書本都不可能教我的！

這個病人描述了自己獲得啟發的過程，而一個無視自己童年歷史的治療師，卻可能妨礙、牽制、延緩這個過程，甚至把它降格為僅僅是思想上的認識。尋求治療幫助的人，常常為了迎合治療師的觀點，輕易放棄了從自己的新發現和自我表達中所得到的樂趣，這完全是出於害怕失去治療師對他的喜愛、理解和同情——他終其一生無法滿足的需求。由於與母親的早期經歷，他無法相信這種妥協不是必要的。如果他對這種恐懼讓步，並使自己迎合治療師的需要，那麼治療就會使病人掉進虛假的自我裡，真實自我會因而被隱藏並停止成長。因此，很重要的是，治療師絕不能因為自己的需要，而人為地去控制與病人之間的聯繫，這種聯繫應該是病人透過對自己情感的發現而形成，否則，治療師會面臨一種危險：他好比是一個囚犯的朋友，帶了一些美食去探監，可是恰巧此時是這個囚犯越獄的良機。越獄可能意味著出獄後的第一天晚上他沒有地方住，也沒有東西吃，但是卻能獲得自由。邁入未知世界的第一步，本就需要極大勇氣，所以這個囚犯有可能因為留戀美食和住所而放棄越獄，繼續待在自設的牢獄裡。

體認到康復過程的這種脆弱性，並不是說治療師必須大部分時間保持沉默、使人痛苦，而是說，他必須在這方面保持謹慎並負責任。只有這樣，病人過去遺忘的情境才有可能以令人心碎的全貌第一次有意識地被體驗，進而得到悲傷的洗禮。顯然，對許多人來講，這個過程如果沒有治療師的幫助，他們能做得更好。

體驗悲傷過程的辯證法之一是，痛苦的體驗須仰賴於自我的發現，且又鼓勵了進一步的自我發現。如果心理治療師知道如何鼓舞病人體驗他自己的「優越感」，或是，如果病人因為自己是治療團體的一部分而感到強大，他就會暫時從憂鬱中解脫，但是情感障礙依舊存在，並以各種不同的偽裝分別出現一段時間。由於自大是憂鬱的反面，存在於自戀障礙中，因此，如果沒有刻骨銘心地對童年經歷哀悼，要想從這兩種形式的障礙中解放出來，是幾乎不可能的。這種體驗悲傷的能力，即放棄自己曾有過一個「幸福童年」的幻想，百分之百地去體驗和認識忍受過的痛苦，才能恢復被抑制的生命力和創造力，才能把這個自大的人從執行和依賴薛西弗斯苦役（譯案：Sisyphean Task，薛西弗斯是古希臘的暴君，死後掉進地獄，被罰往山上推滾重石，但石頭總是在快推到山頂時又滾落回來，因此他必須不停地重新再推，故稱薛西弗斯苦役）中解救出來。在這個漫長的過程中，如果一個人體驗到自己小時候從來沒有按照他的需要被愛，被愛的只是他的成就、成功、出色的特質，而且為了這個「愛」犧牲了自己的童年，那麼，他會因此感到極大震撼，終究有一天，要結束這種求愛的努力。他會在自己的內心發現一種按照他真實自我生活的需要，不必再被迫去賺取「愛」——那由於給了虛假自我而導致他至今兩手空空的愛。他終於開始看清他的虛假自我，並決心揚棄。

憂鬱真正的反面不是快樂和沒有痛苦，而是充滿生命活力，擁有能夠體驗一切自發情感的自由。作為生命萬花筒的一部分，這些自發的情感不僅僅是愉快、美麗和善良的，同時也反映了人類全部的體驗，包括羨慕、嫉妒、憤怒、厭惡、貪欲、失望和悲哀。但是，如果童年的根被砍斷了，體驗這種自發感情的自由便不可能，唯有當不用再害怕童年時期那強烈的情感世界時，我們才有可能找到真正自我。我們一旦體驗並熟悉了這個世界，它就不再陌生和恐怖了，而我們也不必再把它隱藏在幻覺所築起的高牆後面了。我們現在知道是誰、也知道是什麼導致了我們的痛苦，正是這種了解，給了我們擺脫童年痛苦的自由。

許多關於如何面對憂鬱症的建議，都明顯地包含了掌控他人的特徵（例如，將內心的攻擊慾望轉移到外界）。有一些精神科醫師甚至建議治療師向病人指出，對自己沒有希望的感覺是不理智的，應該要讓病人意識到自己的過度敏感才是。但我認為，這種做法不但會強化病人虛假自我和對情感的適應性，也會加深憂鬱。如果治療師想要避免這些，就必須嚴肅對待病人的所有情感。一個憂鬱的病人太清楚自己有過多少次過度敏感的行為反應了，也知道他為此責備過自己多少次。正是他們的過度敏感、羞恥感和自我責備，造成了生活中的持續威脅，除非他們了解這些情感到底與什麼有聯繫。這些情感越是不現實，越是與實際的情況不符，就越清楚地顯示它們與過去被遺忘的情境有關係，也越需要去被挖掘。但是，如果這些情感開始出現時沒能被體驗，而是被理智化了，那麼就什麼也發現不了，憂鬱就會取得勝利。

皮婭是一個四十歲的病人，在伴有自殺念頭的長期憂鬱之後，最後終於能夠體驗和接受她長期壓抑的對父親的仇恨。她的父親曾經用很可怕的方式虐待過她。這個體驗並沒有馬上使她感到解脫，而是在經歷了一段充滿哀傷和眼淚的過程之後，解脫才出現。在這個過程結束時她如是說：

世界並沒有改變，罪惡和惡意到處包圍著我，而且我對此看得比以前更清楚了。可是，我第一次發現活著是值得的。也許這是因為我第一次真正感覺是在過我自己的生活。這是一個令人興奮的冒險經歷。同時，我現在也更能理解我想自殺的念頭了，特別是那些在我年輕時就有的，感到繼續活下去似乎已沒有意義的念頭。因為從某種意義上說，我一直過著一種不屬於我的生活，那是我不想要的，隨時都想拋棄的生活。

憂鬱的社會意義

也許有人問，在童年因為因應需要而做的改變，是否一定會導致憂鬱？我們不也常看到，在情感上被迫適應別人需要的人也生活得很幸福嗎？這樣的例子在過去可能有很多，因為，過去的人們活在一個與其它價值觀隔絕的文化裡，因為適應需求而改變自我的個人當然是不能自主的。就我們所知，他對於能夠給予他支援的個人身分沒有任何感知，但他卻能感覺被一個團體支持著。而今，對任何團體來說，要和持其他價值觀念的人完全隔絕幾乎不再可能了。所以，現在的人如果不願意成為各種利益和意識形態的犧牲品，就必須從自己的內心尋求支援。

現今許多所謂的心理治療團體，都試圖提供或代替這個能讓個人成熟的心理過程，但卻都做不到。他們的目標是透過提供成員支持和歸屬感，使他們「獲得力量」。由於這些治療團體以壓抑童年情感為原則，所以個案的憂鬱並不會得到解決。此外，病人很可能因此對這個團體依賴上癮，因為團體會讓已成年的他得到一種幻覺：即他沒有被滿足的童年需求，能夠逐漸透過團體的幫助來得到滿足。病人一旦有這樣的幻覺，便不能夠痊癒。如果我們想要遠離憂鬱和依賴成癮習慣的生活的話，來自內心的力量——即接觸真正的需求和情感，並適時表達——對我們來說絕對重要。

在一些小孩身上，存在著潛在的抵禦適應別人需求的能力，所以他們只是部分地被改變了。大一點的小孩，特別是當他們青春期時，有可能選擇一些新的價值觀，而這些價值觀經常與父母的觀念抵觸。青少年很可能會接受並順應同儕的理想，一如小時候服從父母的觀念。然而，由於這個企圖並沒有紮根在有意識的自我需要和情感裡，所以再一次地，同樣是為了被接受和被愛，他放棄並否認了真實自我——不過這一次，是因他的同儕團體。他重複的自我犧牲，並不能因此讓自己從憂鬱中解救，因為那並不是真正的他，他並不了解、也不愛自己；他所做的一切都是為了使別人愛他，就像他童年曾經極度渴望被愛一樣。但是，過去在關鍵時候沒有被體驗過的東西，在後來的生活中是不可能得到的。

處於這種進退兩難困境的例子不勝枚舉，我舉其中的兩個：

波拉是一個二十八歲的女子，急於想脫離重男輕女的家庭。在家裡，母親完全屈從於她父親的需要。波拉和一個性情溫順的男子結了婚，看上去似乎與她母親做了截然不同的選擇。她的丈夫甚至允許她將情人們帶回家。她不允許自己有任何嫉妒或溫柔的情感，並想和許多男人保持不涉及感情的關係，為的是使自己感到像男性一樣自主。她對於「前衛」的需要無限膨脹，甚至允許伴侶任意虐待和羞辱她，而她則壓抑這些屈辱和憤怒，只為了相信自己是不持偏見的現代派。這樣一來，她在這些關係中，實際上繼承了自己童年的順從和母親的屈服。她時常遭受嚴重的憂鬱折磨，所以接受了治療。

治療讓她察覺到這個事實：對於父親的虐待，母親只有被動忍受而不做任何反抗，使她承受了那麼多的痛苦。現在，她能夠面對自己從沒有受到母親保護的痛苦了——她從未受到她那無動於衷和防衛心很強的母親的保護。這樣的認知逐漸幫助波拉停止效仿她母親在與男人的關係中自我毀滅的做法，並讓她去愛值得愛的人。

四十歲的阿米爾來自一個非洲家庭，很小的時候父親就死了，他一直單獨與母親生活在一起。他母親恪守某些傳統，不允許他以任何方式意識到自己的需要，更不用說將它們表達出來了。而在另一方面，她又藉口遵循醫學上的建議，定期撫摩他的生殖器一直到他進入青春期。兒子成年以後，離開了母親和她的世界，後來與一個頗具魅力、且背景完全不同的歐洲女子結婚。背著被壓抑的童年過往，他選擇的，是一個折磨、羞辱，並使他的自信蕩然無存的妻子。他既不能反抗她，也離不開她。

這個受虐型的婚姻，就像其它的例子，代表了一種企圖用不同的社會觀念與父母的既有觀念決裂的努力。顯然地，阿米爾離開了母親，但在情感上，卻仍然被栓在童年時期的母親身上（以及他對她無意識的記憶中）。如果他不能體驗來自童年時期的情感，他的妻子實際上就已替代了他母親早期的角色。在治療中，他極其痛苦地認識到他年幼時是多麼需要母親，但同時又感到因自己的無助在情感上被利用了；他曾經那麼愛她，那麼恨她，並完全被她掌控了。但是，阿米爾現在不懼怕妻子了，並且第一次能夠將她當作一個真實的人來看待。

小孩為了保住對愛、關注和善意的幻覺，必須為了適應的需要而改變自己；但是成年人卻可以不依賴這種幻覺而生存。他可以放棄失憶（對過往的遺忘），然後睜開眼睛，對自己的行為做出決定。只有這一條路可以使他擺脫憂鬱。憂鬱和自大的人都完全否認他們童年的事實，過著似乎還能將父母找回到自己身邊的生活：自大的人是透過成功的幻覺，而憂鬱的人則是透過保持他不斷對失去「愛」的恐懼。

這兩種人都不能接受這樣的事實：「沒有得到愛」的這個事實已經發生了，任何努力也不能改變。

自戀情結

納瑟斯（編案：Narcisuss，希臘神話中的美少男，此字即「自戀」〔narcissism〕的字源）傳說，實際上講的是一個關於失去自我的故事。納瑟斯在水中看見了自己的倒影，愛上了水裡面的漂亮面孔——那個必定使他母親驕傲的面孔。回聲仙女愛蔻（編案：Echo，即回音、回聲之意）因為愛上了他的俊秀，回應了年輕人的呼喚。但是愛蔻的回應欺騙了納瑟斯，而他的倒影也欺騙了他，因為它只表現了他完美和神奇的一面，卻沒有表露他的內心世界、痛苦和經歷。譬如，他的背部和影子就都被隱藏了；因為它們不屬於他可愛的倒影，所以就被去除了。

這個令人神魂顛倒的階段，可以比喻為自大，如同下一個階段可以比喻為憂鬱階段（對自己殫精竭慮的渴望）一樣。納瑟斯想要的不是別的，只是那個青春的自己。他徹底否認了他真實的自己，為了與倒影中美麗的形像一致，他放棄了生命，選擇了死亡；或如同在奧維德（Ovid）的版本中，他被變成了一朵花（編案：在希臘神話裡，納瑟斯愛上自己的水中倒影，因此投水而死，死後化身成一株花，即水仙花，因此「Narcisuss」亦是水仙之意）。他的死亡，是虛假自我被定型以後理所當然的結局。能使我們感到自己真正活著，覺得存在有意義，並且能給我們重要啟發的，不僅是那些「美麗的」、「好的」和令人愉快的感受；更經常地，是那些不被接受的、不能適應的，以及我們總想逃避的情感：無助、羞辱、羨慕、嫉妒、迷茫和哀傷。這些情感都可以在治療中被體驗，當它們被理解之後，一扇通往內心世界的門就開啟了，那裡藏著遠比「一張美麗的面孔」還豐富的財富。

納瑟斯愛上了被他理想化的倒影，但無論是自大的還是憂鬱的「納瑟斯」，都沒有真正愛上自己。他對虛假自我的愛情不但使他不可能愛別人，並且不論外貌多麼出眾，還是不可能愛自己，即使他自己才是應該全權照顧自己的人。

第 3 篇

Das Drama des begabten Kindes

輕蔑的惡性循環

為什麼上帝不能識破來自成人和權威者的高級欺騙——它們總是在最後時刻甩出王牌，在令人詛咒的慈愛面具背後讓我丟臉，無視我，羞辱我？

——赫曼・赫塞《小孩的心靈》

對小孩的羞辱和對弱者的輕蔑

在一次休假期間，我整理著自己關於「輕蔑」（contempt）這一主題的思緒，並閱讀我在個案分析中做的筆記。也許因為對這個問題的過於專注，我變得高度敏感，一個很普通的場景深深地影響了我，雖然實際上，它既不驚人也不特別。但透過描述這個場景，可以闡明我的觀察，它忠實地詮釋了我在工作中的一些感悟。

在一次外出散步時，我注意到我前面有一對高大的年輕夫婦，他們約兩歲的小男孩在他們身旁邊跑邊喊（我們太習慣以成人的視角來看這種情景了，但這裡我要講講這個小孩的感受）。

這對夫婦剛剛在路邊涼亭買了兩支冰棒，邊走邊吃，十分愜意。小男孩也想要一支拿在手裡吃，但他母親充滿愛意地說：「寶貝，你可以從我這兒咬一口，但不能吃一整支，因為它太冰了。」可是，小男孩不想只吃一口，他伸手要一整支冰棒，但母親再一次把手拿開。他失望地哭了，但很快地，父親也重複一次剛剛母親的動作，說：「看這兒，寶貝，」父親溫和地說：「你可以吃我的一口。」「不，不要！」男孩邊哭邊向前跑，想分散注意力，忘掉一切，但很快又跑回來，嫉妒又難過地抬頭盯著兩個吃得正起勁的大人。一次又一次，小男孩伸手去要一支完整的冰棒，但大人們那握著寶物的手卻一次次地縮回。

小孩越是哭，父母越覺得有意思。他們不停地笑著，並想和他開玩笑：「你看你，這有什麼重要的，值得你這樣吵鬧呢？」有一次，小男孩坐在地上，把手舉過肩，朝母親的方向扔小石子，但他突然又站了起來，焦慮地四下張望，想知道父母是否還在原處。當父親吃完了自己的冰棒後，就把小棒子遞給了小男孩，自己繼續向前走。小男孩期待地舔著小木棒，看了看，把它扔掉，又想撿起來，但最後還是沒有撿。接下來他帶著一臉的失望，孤獨又傷心地哭起來，哭得全身顫抖，然後馴服地走在父母身後。

這個小男孩有很多嚐一口冰棒的機會，顯然不是因為「貪吃的欲望」沒有得到滿足而傷心。他傷心的是他的情感不斷受到傷害和打擊。他想像其他人一樣用手拿著一支冰棒，但這個願望沒有人能理解；更糟的是，他的需要還被拿來開玩笑。他面對的是兩個巨人，他們互相支持，並為自己能保持一致的做法而驕傲；而小男孩呢，既孤獨又難過，除了說「不」，什麼辦法也沒有。他也曾用清楚正確的手勢向父母表達自己的願望，但還是沒有結果，可說是完全孤立無援。當小孩被兩個高大的成人拒絕時，他如同在仰視一道高牆；可是，當我們拒絕小孩向父母兩人的其中一人抱怨另一人時，我們卻認為那是「教育中的一致性」。

為什麼這對父母不能對自己的孩子表現一些同理心呢？為什麼他們當中的一個沒有想到讓自己吃得快一點，或乾脆丟掉半支冰棒，或孩子得到一根還保留著一些冰淇淋的小棒子呢？為什麼他們都站在那兒笑，不慌不忙地吃著，卻對小孩明顯的悲傷滿不在乎？他們當然不是缺乏愛心，或是冷酷的父母；那父親對小男孩說話時非常溫柔。可是，至少在那一刻，他們表現出來的卻是缺乏同理心。

要想揭露這個謎底，我們得把這對父母也看成是沒有安全感的小孩——這兩個大孩子終於發現一個比自己更弱小的人，只有和這個小孩相比，他們能感到自己無比強大。有哪個小孩在害怕的時候沒有被大人取笑，且被告知：「你沒必要為這種事感到害怕」？又有哪個小孩，在聽了這樣的話後，能不感到羞愧和自卑——只因為自己不能正確地評估危險？不妨設想一下，如果這小孩有機會把這種難堪的感覺轉移到另一個更弱小的孩子身上，他有必要猶豫嗎？這種經驗有各種差別和形式，但是它們共同的作用是，當這些成人面對小孩的恐懼和無助時，他們會利用這個機會，透過掌控小孩的恐懼來駕馭自己內心無法控制的不安。

毫無疑問，二十年內——如果這個小男孩有弟妹的話，也許不用這麼久——吃冰棒這一幕會重演，不過，到時這小男孩將佔據優勢地位，而比他小的那一個則將扮演弱小無助、充滿羨慕的角色——那個曾是自己的人。到那時，他便終於可以將內心那個使他受盡屈辱的小男孩驅趕，投射到別人身上。

因此，一個人對弱者輕蔑，實際上是為了避免暴露自身的無助感，這是隱藏內心軟弱的最好的方式。真正強大的人能經由自身經驗了解他自己內心也存在著軟弱，所以不需要用輕蔑別人來展現自己的力量。

因為童年時沒有機會有意識地面對和體驗，許多成人是透過自己的小孩，才第一次意識到自己曾有過的無助、嫉妒和孤獨。前面提過的病人彼得，無法控制自己征服女人的行為，先引誘她們到手，然後又拋棄她們，直到他最後能夠體驗到自己曾經是怎樣反覆地被母親拋棄為止（編案：見本書第一篇，〈尋找真實的自我〉一節）。當他回憶起自己過去是如何被父母嘲笑時，第一次有意識地體驗到當時被激起的羞憤和屈辱。在這之前，這些情感都隱藏在意識之外。

成年人不曾有意識地體驗的童年痛苦，可以透過轉移到自己的小孩身上而獲得解脫，就像前述的冰棒事件一樣：「你看，我們是大人，我們可以做任何自己想做的事；但是對你來說，那可就太冰了。只有等你長大以後才能像我們現在這樣享受。」所以，使小孩蒙受羞辱的並不是願望受阻，而是身為人卻受到輕蔑。當父母藉由彰顯自己的「大人身份」，在自己孩子身上無意識地報復自己童年受過的羞辱時，小孩的痛苦就加深了。在小孩的眼裡，成年人與自己蒙羞的過去相遇，所以必須透過成人權利去驅除它。我們不可能僅憑意志力，就使自己從重複父母的行為模式——我們很小就必須學會的行為模式——中解脫。只有當完全感受，並承認他們曾經使我們受痛苦，我們才能擺脫這些掌控，充分意識到這些行為模式，並予以明確譴責。

在大多數社會裡，女孩會因為性別而受到更多的歧視。一般來說，女人可以掌控自己新生、幼小的孩子，所以這些昔日的小女孩，便可以將自己曾經受過的輕蔑輕易地轉嫁到年幼、嬌嫩的孩子身上。每一個人都需要真正被愛的感覺（並且依賴著那種幻覺），所以如果母親對兒子輕蔑，兒子成年後便會將母親理想化，但也會透過輕視其他女人來報復母親。如果受過羞辱的是女孩，成年後若沒有其它管道擺脫精神負荷，便會在自己小孩身上尋求報復。她們確實可以做得神不知鬼不覺，不必害怕受到懲罰，因為小孩不可能告訴任何人，只有在長大後可能以強迫行為或其他症狀表現——那是一種保證不會出賣母親的特殊語言。

輕蔑是弱者的武器，用來抵禦自己受到的鄙視和不被允許、會激發壓抑記憶的情感。所有輕蔑和歧視行為的源頭，是成人或多或少有意識地、難以受控地、隱蔽地對小孩施展權力。除了謀殺或嚴重的身體傷害之外，這種不受約束的權力濫用得到社會默認；成人如何對待子女的精神世界，完全由他們自己作主，因為小孩被視為父母的所有物，就好像獨裁國家將公民視為政府財產一樣。如果我們不能對弱小孩童的痛苦更加敏銳，那麼成人對他們權力濫用，就會繼續是人類生活的尋常風景，幾乎沒有人會注意或重視。受害者被認為「只不過是孩子」，他們的痛苦就被淡化了，但過了二十年之後，這些小孩就會成為非將這一切在子女身上重演不可的成人，他們或許強烈地反抗外部世界的暴力，但他們內心卻體驗過殘酷，且會無意識地將它們施加於他人。只要這些經驗被藏匿在被理想化的幸福童年身後，人們就不會意識到它們的存在，也因此就不可避免地將它們傳遞下去。

我們必須盡早讓人們意識到的是，對兒童的輕蔑會頑強地代代相傳，使破壞性行為長久延續。當一個人用手摑另一個人的臉，打他或故意羞辱他時，他知道自己是在傷害另一個人，就算他不知道為什麼要這麼做，某種程度上還是知道自己在做什麼。但是我們的父母，以及我們自己，竟常態地傷害著子女，卻根本沒意識到自己是在製造痛苦，深深地、永久地傷害著一個小孩脆弱剛萌芽的自我。

如果大一點的孩子能夠覺察並告訴我們這種事實，那就太幸運了。如此一來，我們就有機會承認錯誤，並向他們道歉。承認我們做了什麼，可以幫助孩子從這代代相傳的，由忽視、歧視、嘲弄、和濫權鑄成的鎖鏈解脫。當孩子能有意識地體驗他們早期的無助感和憤怒，就不再需要透過向別人行使權力來擺脫這些情感了。但在大多數情況下，人們童年的痛苦被成功地深藏，並成為新的，而且經常非常微妙的，對下一代施加羞辱的祕密根源。各種防禦機制都會使他們的行為合理化：譬如否認自己的痛苦經驗，將其理智化（「我認為它是使小孩成材的方法」）、代替（「不是我父親，是我兒子在傷害我」）、理想化（「我父親打我是為了我好」）

等。總之，就是有個機制將被壓抑的痛苦轉為正面行為，下面的例子可以說明，不論人格結構和教育水準有多麼不同，人們在為自己童年經驗辯解時，使用的方法是多麼驚人地相似。

有個三十歲的希臘人，是個農人之子，在北歐擁有一家小餐館。他很自豪地說起自己滴酒不沾的事實，並把這自我節制的能力歸功於十五歲的某一天，他酗酒後回家，被父親痛毆了一頓，導致一個星期都無法走路。從那以後，他對酒精無比厭惡，即使他的工作讓他頻繁地接觸酒類，他仍一滴也不願再碰。當我聽說他快要結婚時，就問他以後是否也會打自己的小孩。「當然了，」他回答。「不打他們怎麼知道規矩？它是讓小孩尊重你的靈丹妙藥。就像我，從不在我父親面前抽菸，這就是我對他尊重的表示。」

這個男人既不愚蠢也不無情，但是他受的教育很少，可能讓我們因此產生一種誤解，以為教育可以阻止這個精神毀滅的過程。但是，這個觀點又如何解釋下面這個受過教育的人？

七〇年代，一個頗具天分的捷克作家，在西德的一個城市裡朗讀自己的作品。聽眾在討論時，有人問到他的個人生活，這個作家回答得很坦率。他說，儘管以前他支持過布拉格之春（編案：指一九六八年捷克斯洛伐克的一場政治民主化運動），但現在他仍有很多自由，可以在西方世界頻繁地旅行。接著，他描述了他的國家近年來的發展情況。當被問及童年時，他提起了他多才多藝的父親，激動得眼睛閃閃發光。他說，是父親鼓勵了他在思想方面的發展，是他真正的朋友，還是唯一被允許閱讀他早期作品的人。小時候，當他做了壞事被母親告狀後，常遭受父親的拳頭懲罰。可是，甚至就在打自己兒子的時候，他父親也為兒子感到驕傲，因為他挨打的時候一聲都不吭。

由於知道眼淚會帶來更多的拳頭，所以這小孩便學會了壓抑它們，並因為自己表現勇敢，讓父親滿意而自豪。這個作家在講到這段往事時彷彿家常便飯（對他來說當然如此）。後來他又說：「這對我只有好處，它幫我面對生活，使我堅強，教會我咬緊牙關，也是我能有今日成就的原因。」這也解釋了，為什麼他能夠與共產黨獨裁政權合作得這麼順利。

與這個捷克作家相反，瑞典電影導演英格瑪·伯格曼（Ingmar Bergman）一次在電視節目中講到自己的童年意義時，就帶有更多的理解（雖然只是思想上的）和自我意識。

他把自己的童年描述成一個關於恥辱的長篇故事。他舉例說，小時候尿濕了褲子的時候，會被強迫一整天穿著一件紅色的衣服，這樣一來，所有的人都知道他做了什麼，以此來羞辱他。

英格瑪·伯格曼是一個新教牧師的么兒，在那次電視訪談中，他描述了一個在童年裡反覆出現的情景：

他哥哥剛剛挨父親的打，他的母親在用棉花輕拭哥哥背上流血的傷口，而伯格曼自己則坐在一旁觀看。

他敘述這件事時很冷靜，沒有表現任何不安。我們可以把現在的他看成是那個小孩，安靜地坐著觀望。可以確定，他那時沒有逃走，既沒有閉上眼睛，也沒有哭。我們不會對這個情景是發生過的事實產生任何懷疑，但是它同時又是對自己經歷的一個掩蓋性回憶——只有他哥哥挨父親的打似乎是不可能的。

人們有時候確信，只有他們的兄弟姐妹才受到過羞辱，而自己並沒有。只有在治療中，他們才能帶著憤怒、無助、憎恨和憤慨回想起，當他們所愛的父親無情地毆打自己時，心中是怎樣充滿了屈辱和被遺棄的感覺。

不過英格瑪．伯格曼除了將自己的痛苦向外投射和加以否認外，他還有另一個方法對付痛苦——拍電影，並藉此將內心不能體驗的情感轉移到觀眾身上去。我們身為觀眾，就必須承受這種父親的孩子不能公開體驗而必須深藏的情感。我們坐在銀幕前面，面對「我們的兄弟」必須經歷的所有殘酷——正如那個小男孩曾經面對的一樣，感到很難也很不願意以真實情感去接受，所以我們想要逃避它們。伯格曼也後悔地提到他沒能在一九四五年之前看透納粹主義（雖然年少時，他常常在希特勒時期參觀德國），而我則認為他的盲目是童年經驗的後果，殘酷對他來說，從小時候就已經像呼吸一樣司空見慣，因此，往後見到的殘酷，又怎能引起注意呢？

為什麼我要描述這三個在童年捱過父親打的人呢？他們只是極端例子嗎？我只是在思考打小孩的後果嗎？絕對不是！雖然這三個例子可能都是極端的例外，但是我描寫它們，有部分是因為它們從來沒有被要求當作祕密來保守，而是早已眾所周知。但是從根本上來說，我想說明的是，即是最嚴重的虐待影響，也會由於小孩強烈的想將它理想化的願望，而被隱藏起來。對此，從來也沒有存在過審判，沒有辯護，也沒有判決，一切都深藏在過去的黑暗之中，即使事實暴露，也會以「為你好」的偽裝出現。如果連這些最極端的身體虐待例子都如此，那麼又怎能指望能見度更低、更容易引起爭議的精神折磨被眾人所知曉？又有誰會認真注意像冰棒事件中的小男孩所承受的那種難以察覺的歧視？但是我從對每一個病人的治療中，卻都可以看到無數性質相同的案例。

父母對小孩的利用，可以導致長期、連續、可能包括性成分的虐待，而這個事實也只有當小孩成年，並接受心理治療之後才能發現，更經常地，是在當事人為人父母之後。一個在清教徒家庭長大的父親，很有可能在婚姻中有著壓抑的性關係，甚至可能在給自己的小女兒洗澡時，才第一次敢正眼看女性的生殖器，並藉由撫弄它喚起自己的性感覺。一個母親則可能在還是小女孩時，意外地看到勃起的男性陰莖，因此受到驚嚇，並產生了對男性生殖器的恐懼心理，或把它視為一種暴力的象徵，成為不能向任何人吐露的祕密。但是這個母親現在可以透過與自己年幼兒子的關係來控制恐懼了。譬如，她會在洗澡後擦乾兒子身體時讓他勃起，而此時她不必再感到危險和懼怕。她可能撫弄自己兒子的生殖器，一直到他進入青春期，還聲稱是為了「治療他包皮裡的阻塞物」，而不必感到害怕。在小孩對母親深信不疑的愛的保護下，母親就可以透過自己的小孩進行她猶豫不決的性探索——那是她從來沒有機會透過自然途徑去發展的。

那麼，當這些有性壓抑經驗的父母，利用自己的小孩來滿足需求時，對小孩來說意味著什麼呢？每個小孩都有尋求愛的親密接觸的願望，並很高興得到它；但在此同時，如果被激起的情感混合物與他目前的生長階段不協調、不自然時，他便會感到迷茫、沒有安全感且害怕。如果他對自己身體的享受行為，受到了父母的禁止和嘲諷，不安全感和恐懼就會加劇。

除了在性的方面，父母還會在其他方面利用小孩，洗腦就是其中之一。例如，他們不是向小孩強調「反權威」的做法，就是強調「嚴厲的」教養方式的好處。這兩種教育方式都沒有考慮到小孩本身的需要。一旦小孩成為滿足某一個人特定目的的掌中物，並被他的權力所掌控，那麼其生長過程就會遭到粗暴的干涉。

我們在教育中最習以為常的做法之一，就是先砍斷孩子天性的根源，然後再試圖用人工的方法代替其失去的天生能力。我們壓制小孩的好奇心（不能問不該問的問題），然後，當他失去了自發學習的興趣時，我們就會為他的學業困難安排特別輔導。

這種情況也發生在有成癮行為的族群中。這些人從童年時就已成功地學會壓抑自己強烈的情感，所以成年後的他們就會藉助藥物和酒精重新找回——至少在短時間內——他們失去的感受強烈經驗的能力（見《教育之始》〔*Anfang war Erziehung*〕）。

如果我們想要避免無意識地激起對小孩的利用和蔑視，首先就必須對這種行為的危險性有所自覺。成人讓小孩經歷羞辱感覺的所作所為，是不易察覺且難以言說的，只有當我們對這種痛苦足夠敏感時（也包括更明顯的做法，但同樣是以被否認的形式），我們才有可能培養出從他出生第一天起就需要的尊重。有許多方法可以培養這種敏感的能力。譬如，觀察我們不認識的小孩，試著對他們的處境設身處地同情，但是我們首先要做的，是對自己的命運培養同理。我們的情感總能夠洩露真實故事，那不為別人所知、只有我們自己才能去發現的故事。

如何面對治療中出現的輕蔑

過去，當我還是一個精神分析師的時候，時常會在研討會或督導班上被問到這樣的問題：身為治療師，應該如何對待自己「不應該有」的情感，譬如病人經常在自己心裡引起的惱怒。一個敏感的治療師當然會察覺自己的惱怒，那麼他是否應該控制自己，以免讓病人產生反感呢？這樣做的結果是，病人其實也能感覺得到治療師被壓抑的怒火，且由於不理解為什麼，所以感到十分困惑。那麼，治療師應該表達他的憤怒嗎？如果他這麼做，就會激怒病人，並動搖對治療的信心。其實，如果我們同意下面的假設，那麼，怎樣應付因病人產生的惱怒和其他不該有的情感，就會是多餘的問題。這個假設是：病人在治療師或諮商師心裡引起的一切情感，都是病人無意識地想要對治療師敘述的，關於自己的故事的一部分，同時也是他想隱藏的那一部分。雖然病人在治療師心裡引發的恐懼和怒火部分來自病人的經歷，但是，這些情感也在很大程度上觸及了治療師自己的生命歷史。它們是不應該被阻止的，因為它們總是標誌著隱藏的事實和過去的歷史。治療師必須體驗並解決這些情感。他必須搞清楚病人所引發的情感是否來自自己的生活經歷，如果是，就應該有能力解決它。這對於那些幫助吸毒、酗酒成癮的病人，或其他在童年遭受性或暴力虐待的社會工作者來說，也同樣適用。通常，當這些助人工作者一感到一絲來自內心的恐懼時，就會很快將其用抽象的理論、老套的道德說教、或是最常見的——乾脆以權威的面孔，將之掩飾。

強迫性的重複行為毀滅了清楚表達自我的能力

病人一旦獲得接受自己情感的能力，便為他長期壓抑的需求和願望打開了實現的大門。其中一些需要已經不可能在現實中被滿足了，因為它們只與過去的情境相連。例如，排除其它原因不談，急於想要一個小孩的願望，某個程度上就表達了想得到一個總在自己身邊的母親的需要。很不幸，小孩們常常被作為滿足成人需要的象徵。

同樣，有些需要也應該能夠在現實中得到滿足。在這些需要中，有每一個人最基本的表達自己的需求，即從嬰兒的第一聲啼哭開始，向世界以他的真實面貌示人——以文字、手勢、行為和藝術——用每一種真實的表達。

對於一個從兒時起就必須向自己和別人隱藏真實情感的人來說，他迫切地想要擺脫過去的枷鎖，但邁出黑暗的第一步卻會引起許多焦慮。最初的體驗並不總是直接通向自由，相反地，常常導致的是當事人童年情境的再現：他將會體驗到由羞辱的劇痛，以及揭露的煎熬等伴隨著「真實表達內心」而產生的感受。就像夢遊症患者準確無誤地尋找那些像他父母般不理解自己的人（雖然為了不同的原因），由於憂鬱導致盲目，他將特別努力讓這些人理解他，也就是想讓不可能的事成為可能。

四十二歲的琳達在治療期間愛上了一個比她年齡大、聰明又敏感的男人。但是，這個男人除了好色以外，更迴避和反對任何不能用大腦理解的事物，包括心理治療。偏偏就是為了這樣的人，琳達寫長信向他解釋自己是如何在心理治療的幫助下走到今天，她不但忽略對方發出的不理解訊號，反而更努力的繼續這樣做，直到最後不得不承認，她實際上又找到了一個父親的替代品，而這也解釋了她為什麼一直不肯放棄最終被人理解的希望。這個醒悟給她帶來了一種長時間的、錐心的羞恥感和痛苦。

有一天，當她在治療中再一次體驗到這種情感時說：

我覺得自己很可笑，好像我一直是在對著一道牆講話，並期待能得到它的回答，簡直就像個傻小孩。

我問她：「如果你看見一個小孩對著牆傾訴苦惱，因為除此之外沒有人願意聽他講話，你還會認為他可笑嗎？」我話剛說完，琳達絕望地哭了，她回到充滿孤獨的過去，但也因此，她逐漸從極度痛苦、自我毀滅和反覆體驗的羞辱感中解脫。

直到後來，琳達才敢將「一道牆」的體驗與自己的童年經歷連結起來。有一段時間，這個總是能非常清晰地表達自己的女人，卻用起極其複雜的方式和突兀急促的速度敘述故事，讓我無法真正明白她的意思。她會爆發式地勃然大怒，指責我的無動於衷和不理解。琳達幾乎認不出我來，雖然我並沒有改變。在這種陌生的情感裡，她終於發現了她對母親的陌生情感。琳達的母親出生後的第一年是在孤兒院裡度過的，所以她不能給予自己的女兒任何溫柔和親密的情感。雖然琳達早就知道這一點，但那一直只是理智上的理解。此外，對母親悲慘的生活經歷的同情，又妨礙了琳達感受自己的處境——她母親可憐的形象封閉了琳達的情感。

直到她能夠指責別人，先是針對我，然後是她的母親，琳達絕望的核心才變成是有意識的：她一生都在尋找的親密情感和與人交流，從嬰兒時期就沒有得到過滿足，並且被壓抑下去。在被壓抑的記憶中，母親是一個羞怯、疏遠、總不在身邊的人，這個記憶使琳達產生了一道牆的感覺，這種情感後來非常痛苦地使她和其他人疏遠。最後，她終於能夠從一個強迫性的重複性行為中解脫，不再永無休止地尋找不能理解她的伴侶，並讓自己陷入無助地依賴這個人的處境。換言之，被壓抑的記憶，以及為最終找到一個美好結局的努力，讓這種折磨人的關係變得吸引人。

反常和強迫重複的行為導致永久的自我輕蔑

試想這樣的觀點：一個人的全面發展（以及立基於此的自我平衡感），取決於生命的最初幾個星期母親是如何感受他對需求和感覺的表達，那我們就完全可以認定這是往後悲劇的揭幕時刻。如果母親不能接納小孩的真實自我，而是要讓他按照特定的方式表現自己，那麼小孩對最初的價值挑選就產生了。現在「好的」與「壞的」被區分了，「像樣的」與「不像樣的」被區分了，「對的」和「錯的」也被區分了，在這樣的脈絡下，他對自己後來的價值判斷也就延續下去了。

這樣的嬰兒一定知道自己身上有著母親「不需要」的東西。母親會期待孩子能夠控制自己的身體，越早越好。在意識層面，他的父母顯然想以此來防範他將來的反社會行為，但在無意識層面，他們是在保護自己從小對「冒犯別人」的恐懼。

瑪麗・赫塞（Marie Hesse）是德國知名詩人、小說家赫曼・赫塞（Hermann Hesse）的母親，她曾在日記中描述自己的意志怎樣在四歲時就被摧毀了。而當她的兒子四歲時，她深深被他的叛逆行為所苦惱，在無止盡的衝突後，溝通成效卻不好。十五歲時，赫曼・赫塞被送到斯坦提（Stetten）一間專門看管癲癇病人和殘疾人的機構去，為的是「永遠結束他的反抗行為」。赫塞從斯坦提寄了一封激動、憤怒的信給父母，說：

> 如果我是一顆頑石，而不是一個人，我才可能期望你們對我有所理解。

不過，即便如此，赫塞想從那個機構裡被假釋的條件是「行為的改善」，所以他還是「改善了自己」。在後來獻給父母的一首詩裡，赫塞對自己的否認和對父母的理想化又復活了：他責怪自己，承認是他的「性格」使父母的生活如此坎坷。

許多人都覺得自己沒有活出父母的期待，一生積壓著內疚的痛苦。雖然他們在理智上可能也很明白，滿足父母的需要並不是一個小孩的責任，但是這種情感的力量卻要比理智來得更強大。它們的深植於生命的初期，從那時起便發展出強度和韌度，因此沒有任何辯解可以克服這種內疚，只有在有效的心理治療協助下，才能逐步得到解決。

也許，沒有歷經悲傷的洗禮，我們最大的創傷——沒有被按照真實的自我被愛過——是不會痊癒的。它可以或多或少地被忍受或被掩蓋（譬如以自大和憂鬱的形式），或在強迫地重複行為中被持續撕裂。我們在強迫行為和反常（變態）行為中可以看見到後者，換言之，母親（或父親）對小孩行為的嘲諷變成了被壓抑的記憶，保存在小孩體內（被容忍的虐待和性騷擾同樣對小孩造成這種影響）。對於小孩最自然不過的衝動，包括他自發的與性有關的行為、對自己身體的探索和發現、大小便，好奇心，或是他對背叛和不公平的憤怒，母親總是表現出意外和驚嚇、反感和厭惡、震驚和憤怒、恐懼和驚慌。後來，這所有的自發的體驗都與母親驚恐萬分的眼神緊密相連，它們把從前的小孩逼進複製這種創傷情境的強迫和反常行為裡。而為了逃避痛苦，這些情境的真實意義對這個人來說，必須一直是不易辨認的。

當病人向治療師坦露他在性方面隱藏至今的祕密和自慰行為時，會承受很大的折磨。當然，他也可能無動於衷地談起這些事，只講過程，好像是在談論另一個人的故事似地。但是這樣做並不會幫他逃離孤獨，也不會引導他重新返回童年的現實裡，唯有當他對使他感到羞恥和恐懼的情感不再躲避，而去接受並體驗它們，才能發現這些情感過去真正的成因。因此，後來即使是最無辜的行為，也會使他感到卑下，骯髒，或是完全無地自容。當他意識到被自己壓抑的羞恥感竟然能倖存這麼久，並且還能與自己寬容又前衛的性觀念和平共處時，確實會感到無比驚訝。這些體驗讓病人首次明瞭，他早期藉著分離自我而做的適應性改變，並不是怯懦的表現，而是他唯一能夠生存下去，並逃離災難降臨的恐懼之機會。

母親能這麼可怕嗎？是的，只要她小時候曾為自己身為一個乖巧可愛的女兒而驕傲，六個月大就知道不能尿濕褲子，一歲時就渾身乾燥清爽，三歲時就能對弟妹盡「母親」的職責[1]等。這個母親在自己小孩的身上，看到了她分離出去、從未被體驗過的自己的一部分，而這一部分正是她害怕有意識地去體驗的。她也在自己小孩的身上看到了她很小就替母親照看過的那些無拘無束的小弟妹的身影，然而只有現在，她才能在自己小孩身上感受到應在那時感受的嫉妒，甚至是各種仇恨。所以她用自己的眼神訓練小孩，而不去考慮是否能用比母親用過的更為明智的辦法。

這個小孩長大以後，因為不可能放棄真實的生活，所以就用其它的方式來表

1　這種特殊形式的對小孩自然發展的傷害，對於美國讀者來說，也許不如歐洲讀者熟悉。我的許多病人在五個月大時就不會尿濕褲子，而他們的母親對這種「成績」感到非常驕傲。美國讀者也許更熟悉別種的做法，比如定時餵養以及為了訓練嬰兒晚上自己睡覺，有意忽視他們的哭聲。

達自己，也許是一個完全隱密的方式。如此一來，一個人可以完全改變自己，並發展出一個虛假的自我去適應周圍環境的需要；但是，在強迫與反常的行為中，他仍舊允許部分的真實自我以自我折磨的形式存活，所以，真實的自我會繼續生存著，但卻隱藏在地下，就像這小孩曾經為逃避厭惡母親所做的那樣，而對母親的這個記憶此時卻被他壓抑著。在他強迫和反常的行為中，他不斷地激化和從前一樣的劇情：性的滿足一定需要一個受驚嚇的母親在場；性高潮（如對一個迷戀的偶像）只能在對自我的輕蔑氣氛中才能獲得；批評只能在（似乎）可笑、難以解釋、可怕的強迫性幻想中才能表達。要了解某些母子關係中隱藏的無意識的悲劇，莫過於了解強迫性重複行為所具有的毀滅性力量，及其在悲劇形成時無聲無息和無意識的交流形式。

很重要的是，雖然病人有可能認為治療師對他的慾望和強迫性行為懷有敵意，並對自己抱持批評和鄙視的態度，但事實上，治療師本人任何時候都不能這樣。這聽上去好像理所當然，可是在治療中並不總是如此。事實上，治療師有時候會在非常無意識的情況下做得適得其反。因為他害怕自己內心被壓抑的恐懼，所以有可能難以忍受自己被病人變成一個充滿敵意的人，因此他表現出寬容，以阻止他童年時的恐懼和迷惘影響到病人。

這樣的治療師可能會強調說，病人對於他來說總是一個成人，而不是「小孩」——好像小孩的情感是令人羞愧的，並不具有價值和助益。有時候，當治療師急於認為他的病人很健康的時候，我們也能聽到對於疾病的類似評語；他似乎不知道「疾病」有時候是唯一可以表達個人困境的方法，反而還警告病人去抗拒「危險的退化行為」。許多人一生最想要做的，就是盡量像成年人一樣健康地（即正常地）活著。當他們終於因為發現自己內心有個小孩而拒絕社會束縛與「對正常的崇拜」，進而體驗到一種解脫時，應該要得到支持。只有放棄它們，他們才能接觸到自己內心的真實情感。這就是為什麼我選擇使用「病患」（Patient）這個詞，而不是「當事人」（Client）的原因之一。後者是今天大多數治療師經常使用的，我是直到自己體驗了當病人的滋味，即一個受著痛苦的人的滋味之後，才找到了使自己從憂鬱的陷阱中逃生的路，才能去幫助自己。身為一個（好像）「還不錯的治療師們」的「當事人」，我只能得到他們自己的認識，而那對我的康復毫無幫助。

三十二歲的馬克為反常行為所苦，並時刻害怕被別人拒絕，內心深處忍受著曾被母親拒絕的無意識記憶。他會無緣無故地被迫去做他所屬的社交圈和社會所不允許和反感的事，儘管他也害怕因此而來的懲罰。如果社會突然視他的反常行為為榮耀（像發生在某些社交圈子裡一樣），他也許就必須改變他的強迫行為，但這也並不能使他自由。因為他被迫去尋求的，不是被允許崇拜某個偶像，而是懷著會有好一點結局的希望，去尋找他母親那厭惡和恐怖的眼神。他也會在治療師身上尋找它們，利用一切可能的方法去刺激治療師，使他受到厭惡，受到驚嚇和反感。

這種挑釁的行為，毫無疑問地描述了馬克在生命初期所發生的事。但是，只要他過去的情感是被封鎖的，這種描述對他來說便毫無用處。即使是聰明絕頂的人也無法打破這種情感上的封鎖，但是，透過他的傾訴、對深層情感的體驗、正視受過的虐待並詛咒這種行為，他才能放棄以反常行為來發洩被自己壓抑的感受。現在他知道自己真正想要什麼了。

如果能夠看穿這種挑釁行為背後的目的和強迫性，那麼整棟破損的大樓就會坍塌，並讓出一個空間給發自內心、深刻而無奈的哀悼。這種情況一旦發生，所有扭曲的行為就失去了存在的必要。這清楚顯示，如果病患從童年起就被訓練成不去感覺任何事物，那麼要想向他說明他在「性方面的矛盾」，將是何等地錯誤。沒有對憤怒、遺棄、嫉妒、孤獨和愛這些情感的體驗，這些矛盾又怎麼能被感覺得到呢？

在過去的十年中，我收到很多讀者來信告訴我，她們在年少時曾受過成年男人的性虐待、性引誘和情感上的利用。因為壓抑的童年記憶使她們盲目，導致她們甚至不能體認這個事實。直到讀了我寫的《你不該知道》（英譯：*Thou Shalt Not Be Aware: Society's Betrayal of the Child*）這本書，她們才開始產生疑問和懷疑，第一次敢於質問犯案人的行為。她們從來也沒想到過自己會被出賣，她們對愛和情感的渴望被人利用了，因為她們無法感覺。她們唯一的出路就是把那個引誘她們的人理想化——那個大朋友、拯救者、老師、大師，然後對某一種性行為或者毒品產生上癮，或是兩者都有。爭取讓自己特殊的成癮行為被社會接受，不論是否與性有關，是躲避正視自己過去的許多方法之一。

許多人對被保護、被關懷和對溫情的需要，以及對沒被滿足的愛的渴望，在很早的時候就被某種性行為代替了；他們的生活被不同的性形式固定，卻從來不去正視自己的過往歷史。他們參加各種團體，不加思考地接受那些肯定他們的固定化行為的理論，假裝與他人分享所謂「科學的」知識，同時無意識地偽裝起自己被壓抑的歷史。他們一旦這麼做，就會像自己曾被別人毀滅一樣地去毀滅其他的人，並且毫無同情之心。

我認為這些人的未來（指他們的治療）以及他們的受害者，受到了各種意識形態的危害。他們應該被告知這件事是有可能的：發現自己的歷史，正視並解決它，使自己從毀滅自己和他人的固著行為中解脫。令人驚訝的是，當病人開始體驗到自己的情感，並且能認識到他真正的需要時，他在性方面的「上癮」就停止了。

下面的段落摘錄德國雜誌《明星週刊》（*Stern*, June 8, 1978）關於漢堡的紅燈區的報告：

> 你那男性意味的夢，既誘惑又荒謬；既像嬰兒一樣被女人溺愛著，同時又像帕斯查（Pascha）[2]一樣地要求她們。

這個「夢」其實並不荒謬，它源自嬰兒最真實和最正當的需要。如果世界上的大多數嬰兒都能像帕斯查一樣支配他們的母親，並且得到她們的溺愛，而不必擔心母親的需求，那麼我們的世界就會大大地改觀。

2 帕斯查（Pascha），指中東地區的部落首領，尤指可以擁有很多女人的首領。

該雜誌的記者向一些紅燈區的常客詢問，來這種地方最大的快樂是什麼，並將他們的回答歸納如下：

那些小姐們總是不離開自己的身邊，百分之百地聽從客人的要求；她們**不像女朋友那樣要求他們對愛的保證**。當慾望消退後，**沒有任何義務、心理上的煩惱或良心上的折磨**等著你。「你付了錢就自由了！」甚至（特別是）這種能夠引起客人**羞恥感**的場合，也會**增加刺激感**——不過這一點他們並不情願提起。（編案：粗體字為作者畫上，後同）

羞恥感、自我厭惡和自我輕蔑，讓過去情境復活，並透過強迫性的重複行為，為享受快樂創造了相同的悲劇條件。從這個角度來看，重複的強迫行為是一個很好的機會，當現實情境中的情感一旦體驗並理清之後，這種強迫性就會消失了。如果這個機會沒有被善用，並且所傳達的信息被忽視了，那麼強迫性的重複行為就會持續，終生都不會減少，儘管其表現形式可能會有所改變。

無意識的東西不能透過宣布或禁止而廢除。但是，人們可以透過培養自己的敏感度來認識它，並開始有意識地去體驗它，而後才能逐漸掌控它。身為母親要是意識不到自己的嘲諷會對小孩造成多麼深刻的羞辱，她就不可能真正尊重小孩；她這樣做是為了掩飾她自己的不安全感。的確，如果她自己從來沒有有意識地並且痛苦地感受過這些情感，並且只想用譏諷將它們驅逐，她又怎麼會知道她那受到深深侮辱、輕蔑和貶低的小孩的感受呢？這種情況也同樣適用於精神科醫師、臨床心理醫師和心理治療師。他們當然不會使用「壞」、「骯髒」、「滑頭」、「自我中心」和「糟透了」這些字眼，但是在他們之間，有時他們會提到「有自戀傾向的」、「愛表現的」，「破壞性的」、「退化的」或「邊緣人格的」病人，沒有注意到自己賦予了這些字眼負面意義。也許，他們所使用的抽象詞彙、假定的客觀態度、甚至形成理論的方法，以及對開處方的積極態度裡，都和掛著輕蔑面孔的母親有著相同之處。如果他們願意，這面孔可以追溯到他們自己內心那個服從母親需要的三歲小女孩或小男孩的記憶。

可想而知，病人的譏諷態度，會誘導治療師使用理論來保護自己的優越感。但是，如果治療師豎起了這樣的一道牆，病人的真實自我就會像躲避母親厭惡眼神一樣地躲避著治療師，使他看不見。但是，如果能夠充分利用我們的敏感性，去探測所有藏在病人輕蔑表現後面的東西——即那個被輕視的小孩生活故事中的所有蛛絲馬跡，這樣利用自己的信息資源，就不容易感到自己是被攻擊的，也能夠放下他躲在理論背後的需求。理論的知識是重要的，但是它不能被用來作為防禦的目的，它絕對不能成為一個嚴厲、控制欲極強的母親的繼承人，去強迫治療師適應它的需要。

赫曼．赫塞童年被視為「邪惡」的「不良行為」

如果不透過具體的案例，並不容易描述病人是如何忍受他們童年被輕蔑的經歷——特別是對他們享受感官和生活中愉悅事物的輕蔑。藉由理論模式的幫助，我固然可以描述各種防禦機制，特別是對情感的防禦，但這樣做不能與人的情感狀態產生共鳴。單是情感狀態，就能引起人的痛苦，並使讀者產生可能的認同和同理。只以純粹的理論示人，使我們治療師停留在「門外」，在那裡我們可以談論「他人」的事，以開處方的方式將他們分類、歸納、貼標籤，然後用一種只有我們才懂得的語言討論他們。如果我們不想這樣做，我們就需要實例。唯有透過一個具體的生活實例，才能展現一個人是怎樣將童年中的不良行為作為「邪惡本身」來體驗。只有透過病人的生活經歷，才能使我們意識到，要小孩意識自己父母親的強迫行為是多麼不可能，並且同時他也不會認識到這種盲目，有可能頑強地存在整個成年生活裡，儘管他可能會嘗試衝出內心的牢獄。

我想透過詩人和作家赫塞．赫曼的例子來說明這個非常複雜的情況。這個例子的好處在於它已經被發表過了，而且是他本人公佈於眾的，因此我所假設的種種關連，都可以用他生活中的實例來說明。

在小說《德米安》（*Demian*）的一開始，赫塞．赫曼描繪了一個「正統又純潔」的家庭，這樣的家庭裡是不會聽到小孩撒謊的（在這部小說中不難看出是作者自己父母的家，而他也間接地肯定了這一點）。這個小孩孤獨地承受著自己的罪，感覺自己墮落、邪惡、被人拋棄，儘管因為還沒有人知道他那「可怕的事實」，所以並沒有人責罵他。這種情況在現實生活中當然很常見，而赫塞對這種「純潔」家庭環境的理想化描繪，對我們來說也並不陌生。它既反映了孩子的觀點，也反映了我們所熟悉的教育方法中所暗藏的殘酷——被用來傳授道德的「價值」。

「像大多數父母一樣」，赫塞寫道，「我的父母對於我青春期出現的新問題也根本幫不上忙，從來沒向我透露過任何有關的知識。他們所做的，就是**不惜一切地**支持我對**否認現實**所做的毫無希望的嘗試，並讓我繼續躲在那個越來越**不真實**的童年世界裡。我不能確定別的父母是否能做得比較好，所以我並不責怪我父母。我只好與自己進行協商並自己想辦法，並且，像大多數教養不錯的小孩一樣，我應付得很不高明。」

在小孩看來，他的父母似乎根本沒有任何與性有關的慾望，父母有辦法，也有可能隱藏他們的性行為，但小孩卻永遠在他們的監督之下[3]。在我看來，《德米安》的第一部分很有感染力，即使是背景不同的人也不難理解。而使小說後半部分格外難懂的原因，則想必是牽涉了赫塞父母及祖父母的價值觀（他們是傳教士家庭）。這一點滲透在他的許多故事當中，但卻在《德米安》中特別明顯。

雖然小說的主人翁辛格已經有了體驗殘酷的經歷（被一個比他大的男孩敲詐），但卻沒能幫助他更透徹理解這個世界。「不良行為」對他來說就是「墮落行

3 在他的故事《小孩的心靈》（*Kinderseele*）裡，赫塞寫道：「成人表現出好像這世界是完美無缺的，他們自己是半神半人的，而我們小孩只是些無用的渣滓⋯一遍又一遍，幾天之後，甚至幾個小時之後，不允許發生的事，如痛苦的，令人沮喪和羞辱的事，就又發生了。一次又一次，在最高尚，最堅定的決心和宣誓裡，我會突然地，不可逃避地跌入邪惡和不良的深淵，跌回到日常的壞習慣中去。為什麼會這樣呢？」（pp.7,8）

為」（依傳教士的用語）：它既不是仇恨也不是殘酷，而是指在小酒館裡喝酒這樣的瑣事。

身為一個小男孩，赫塞．赫曼從父母那兒繼承了關於「不良行為就是墮落」這個特殊的觀念：它就像是一個在他的性格裡的異物，他想把它找出來，連根拔除。這也是為什麼在《德米安》裡，所有發生在阿布拉卡司神（Abraxas，他企圖結合神聖與邪惡）出現之後的事，都令人訝異地被刪除了。不良的行為在此應該巧妙地與善良結合，但是這一點在小說裡卻未向讀者交代。我們可以從中得到這樣的印象，即：對這個男孩來說，這是一種很奇怪、很恐怖、尤其是不可知的東西，使他永遠不能得到自由。他對「墮落」在情感上的相信，已經與恐懼和內疚連結在一起：

我再一次竭盡全力，在毀滅過後的廢墟上，為我自己建立一個內心的「光明世界」；我再一次犧牲了自己內心的一切，只為了**消除我身上的黑暗和罪惡，完全與**

光明同在。

一九七七年，在蘇黎士為紀念赫塞誕辰一百週年舉辦的展覽會上，有一張掛在小赫曼床頭並伴隨他長大的畫。在這張畫的右邊，我們可以看見一條通往天堂「正確」的路，上面佈滿了荊棘，障礙和苦痛。在左邊，則是一條充滿輕鬆和享樂的路，卻無可避免地通向地獄。也許是因為虔誠的女人們希望藉助恐怖的象徵，使丈夫和兒子們遠離不良場所，小酒館在這條路上有著重要的作用。這些小酒館在《德米安》中扮演重要角色——這一點頗具諷刺意味，因為赫塞從來沒有想去這種小酒館喝酒的願望，儘管他確實希望衝破他父母偏狹的價值觀所帶來的束縛。

每個小孩，都曾根據什麼是被禁止的，也就是那些被父母所限制的、忌諱的和令他們害怕的事物，很具體地形塑他對「壞」的第一個形象。他要經過很長時間才能擺脫父母價值觀的影響，進而直接地覺察什麼是他自己認為「不好的東西」，到那時，他就不會再把它們認為是「墮落的」和「不良的」，而是一種可以理解的、對童年創傷壓抑的潛在反應。身為一個成年人，他可以找出原因，並讓自己從這個無意識的反應中解脫；他也有機會為自己因無知、盲目和迷茫而對別人做出的事表示歉意，而這麼做將能使他避免重複他不想再繼續的行為。

不幸的是，通往大徹大悟的道路並沒有向赫曼・赫塞敞開。

下面摘自《德米安》的一個段落顯示，察覺到失去了父母的愛，大大地威脅了赫塞對真實自我的追尋：

> 我們給予的愛和尊重，不是出於習慣，而是出於我們內心深處追隨並保持友好的的自由意志；但是，當我們突然意識到內心一股力量想將我們從最親愛的人身邊拉開時，那真是痛苦和可怕。接著，每一個反對朋友和導師的想法，都**像毒刺一樣**扎進我們自己的心臟；每一個自衛性的攻擊，力道都反彈**打在自己臉上**；「不忠實」和「忘恩負義」這些字眼像**反對的噓聲和污點**一樣，砸在那個自覺是道德表率的人身上；那**恐懼的心便羞怯地**逃回**童年美德的迷人山谷**裡，不願相信這種決裂一

定會發生，這種關係也一定會破碎。

在短篇小說《小孩的心靈》中，他說：

如果要把我所有的情感以及它們的痛苦衝突都濃縮成一個**根本的感覺**，用一個詞代表，那麼我想不出比「害怕」更合適的詞了。那些在我童年中幸福破滅的時刻所感到的害怕和不安：**害怕被懲罰，害怕我自己的良心，害怕我靈魂中對那些被我視為禁忌和罪惡的事物蠢蠢欲動**。

在這個故事裡，赫塞以極大的溫情和理解描寫了一個十一歲男孩的情感。為了使自己的收藏品中有一點屬於他父親的東西，這個男孩從他敬愛的父親房間裡偷了一些曬乾的無花果。當他的「不良行為」被發現之後，內疚、害怕和絕望折磨著孤獨的他，最後終於被深深的恥辱和羞愧取代。這個生動有力的描述，讓我們不得不猜想，它可能是赫塞自己童年的真實插曲。這個猜測後來被赫塞母親的一張字條證實了。這張寫於一九八九年十一月十一日的字條上說「赫曼偷無花果被發現了。」一從他母親日記的內容，和自一九六六年起他父母和其他家族成員往來的信件中，可以猜想小赫塞的痛苦經歷。赫塞像無數擁有天賦的小孩一樣，正因為（而不是儘管）有著太豐富的內心世界，令父母飽受困擾。通常，小孩本身俱有的天賦，包括他強烈的情感、深刻的體驗，和他的好奇心、聰睿、思維敏捷，以及愛挑剔的能力，都會造成他與父母的衝突，使父母長期一直用各種規定來掌控他。要維持這些規定，無疑地，將以小孩的成長為代價。這些因素導致了一個明顯自相矛盾的狀況：父母一方面為自己聰明的小孩感到驕傲，甚至非常欣賞他，而在另一方面，卻又由於自己受過的壓抑而反對、壓制、甚至毀滅小孩身上一切最真實、因而也是最好的東西。在赫塞母親日記中記錄的兩個觀察顯示，這種毀滅小孩天賦的做法，是可以和慈愛的關懷同時發生的：

●（一八八一）：「赫曼要去幼稚園了，他暴烈的脾氣使我們痛苦不堪。」赫曼這時三歲。

●（一八八四）：「赫曼表現好一些了，他的教育過程使我們飽受苦惱和麻煩。從一月二十一日到六月五日，他都住在男生宿舍裡，只有星期日和我們在一起。他在那兒表現得很好，但**回家之後**臉色蒼白，虛弱且十分憂鬱。這**效果確實不錯，且對他有益。他比過去更容易管教了。**」赫曼這時七歲。

一八八三年十一月十四日，他的父親約翰尼斯·赫塞寫下：

赫曼，這個男生宿舍裡幾乎被認為是行為楷模的孩子，有時候卻**讓人難以忍受**。我正在認真考慮將他送到一個**社會機構或別的家庭**裡去，儘管這會讓**我們**非常丟臉。他太讓我們感到緊張和無能為力了，整個家裡也太雜亂無章了。他似乎對任何事情都具有天分：他觀察月亮和雲彩，長時間地即興彈奏管風琴，用鉛筆或鋼筆畫美妙的圖畫，只要他高興，還可以唱歌唱得很好，並且從來不會搞錯節奏。（見赫塞《童年與青少年》〔*Kindhet und Jugend*〕，1966）

我們從赫塞的另一著作《赫曼．勞斯爾》（編案：Hermann Lauscher，德文Lauscher意思是「偷聽者」）裡看到[4]，在他對自己童年和父母極為理想化的畫面裡，赫塞已經徹底摒棄了那個曾經獨特、反叛、「難以駕馭」、讓他父母無比棘手的孩童行為。他無法與自身的這一重要部分妥協，所以只好排斥它。也許這就是為什麼他對真實自我那強烈又真實的渴望，始終都沒有被滿足過。

赫曼．赫塞的勇氣、天才和情感的深度，當然可以從他的作品和許多信件中充分顯示，尤其是他那封來自斯提坦社會機構充滿憤怒的信。但是他父親對這封信的答覆（見《童年與青少年》），以及他母親的字條，再加上上述從《德米安》和《小孩的心靈》摘錄的段落，都清楚顯示：赫塞對他童年痛苦的否認，曾經讓他承受多麼大的精神負荷。儘管他享有巨大的讚譽和成就，並獲頒了諾貝爾文學獎，赫塞卻在他成年歲月裡，飽受與真實自我的分離而帶來的悲劇性痛苦，而這卻只被醫生草率地診斷為憂鬱症而已。

母親在生命早期扮演社會代理人角色

如果我們告訴病人，「在其他的社會裡，他的反常行為並不是個問題，它之所以在這裡是個問題，純粹是因為我們社會的病態，所以造成各種壓抑和約束」，

4 當我的童年偶爾激動我的心時，它像一個鑲著金色鏡框的深色調的圖畫，畫中有許多栗子樹和白樘樹，浸浴在一道令人難以置信的、無比歡快的晨光裡，遠處的背景是絢麗奪目的高山。在我全部生活裡，無論是當我能有一短暫的平靜並忘記一切的時刻；或所有我在山中孤獨的散步；或所有當幸福和愛以意想不到的方式突然而至，將我帶入忘記昨天和明天的境界——所有這些時刻與我童年的這幅綠色圖畫相比，都會黯然失色。（見《赫塞全集第一冊》*Gesammelte Werke*，vol.I. Frankfurt:M.Suhrkamp. 1970）

對病人並沒多大助益，雖然它無疑是部分事實。相反地，身為一個有著獨特經歷的人，病人會感到被忽略和誤解，因為這種解釋對他真實的悲劇來說，幾乎等於什麼也沒講。他最需要被理解的，是他強迫重複的行為及其背後的真實情境。毫無疑問地，他的不幸是社會壓力的結果，但是這種抽象的認知，並不會影響他的心理，但卻必然和生命最初與母親的關係遙相呼應。因此，他的問題不可能用語言解決，而必須透過體驗——不只是成人已經被矯正過的體驗，更重要的是體驗由摯愛的母親對他的輕蔑而帶來的兒時恐懼，以及伴隨而來的憤怒和悲傷。只單靠語言，不論解釋得多麼有技巧，不僅不會帶來變化，甚至只會加深大腦思考和身體認知之間的分裂——而病人已經在承受著這種分裂的痛苦了。

因此，對於一個成癮者，如果單單只是向他描述社會的荒謬、剝削和病態是如何使人們變得神經質和反常，無論描述有多麼真實，也很難使這個人從成癮行為的殘酷現實中解脫。但有成癮習慣的人太喜歡這種解釋了，並急於相信，因為這能使他免於承受事實的痛苦。但實際上，能夠看透的事物雖然可以引起我們的憤怒、悲傷和無力感，但不會導致我們生病。導致我們生病的是那些我們看不透的事物，那些透過父母的眼神傳達與接受的社會約束。無論多少書本知識或學問，都不能使我們擺脫父母監視。

換句話說，許多有著嚴重症狀的病人智力都非常好。他們從報紙和書籍知道關於軍備競賽的荒謬、資本主義的剝削、外交手腕的虛偽、權勢的傲慢掌控、弱勢團體的屈服和個人的軟弱無力——他們已經思考過這些問題了。他們看不見的東西（因為他們不可能看見），卻是自己母親在他們還小時就做出的荒謬行徑。

壓迫和被迫屈從，並非源於辦公室、工廠或政治黨派；它們在嬰兒生命最初的幾個星期就發生了。後來，它們遭到壓抑，並因其特有的性質，無法引起任何注意。屈從或依賴的本質並沒有改變，改變的只是它們的對象。

曾受過虐待、監禁、被利用、管束和訓練的兒童，他們無意識的憤怒，可能轉化為日後對政治活動的投入（編案：愛麗絲．米勒曾對希特勒、海珊等政治狂熱份子的人格及其童年經歷做詳盡研究）。他們部分的憤怒，可以透過與「敵人」（如政敵）鬥爭而得到釋放，而不必放棄對自己父母的理想化。舊的依賴關係，可以因此輕易地被轉移到新的團體或領袖身上，但是，如果他們能夠親身體驗幻覺的破滅和伴隨而來的哀傷，社會和政治不致動盪，但他們的行為則可不再被迫重複。到那時，他們就能透過有意識的決定，為自己建立明確目標。

我們的內心為了避免體驗自身的現實所帶來的痛苦，需要不斷地建立新的幻覺和否認，而當這個現實一旦被正視並被體驗了，這種需求就無影無蹤了。那時我們就能意識到，我們窮其一生所害怕和竭力逃避的事情，真的不會再發生了；因為它已經發生過，發生在當我們必須完全依賴父母的生命早期。

如果病人嚴格的「良知」能夠被治療師或團體以寬容來取代，那麼治療就有可能獲得暫時的改善效果。然而，治療的目的不是為了修改病人的過去，而是為了使他能夠正視自己的歷史，並感受其中的悲傷。因此，病人必須發現他內心的早期記憶，並意識到父母曾對他施加的無意識的掌控和輕視，只有這樣，他才能從中解脫。如果病人必須依賴從治療師或所屬團體借來的寬容，他從父母那裡繼承的輕蔑態度就會被保留並深藏在他的無意識中，並且不會隨著他的學問涵養的提升而有所改變。只要這種輕蔑的態度還在他體內的細胞發生著作用，它就會顯露在人際關係中，且繼續折磨他。無意識裡的內容是不會改變的，是永恆的，只有當它變為有意識的時候，改變才會發生。

輕蔑者自己的孤獨

許多有情感障礙的人所表現出來的輕蔑，很可能源於他們生活早期歷史中的誘因，但是所有輕蔑的表現都具有一個共同的作用，就是保護不該有的情感。當輕蔑不再能當成擋箭牌使用，不再能被用來抵擋小孩拚命想得到卻得不到的愛的羞辱，或抵擋他覺得自己不夠好的自卑，尤其抵擋他對父母不能滿足自己需求的憤怒時，輕蔑馬上就會消失，因為它已經失去了存在的意義。

當我們能夠感覺並且理解童年被壓抑的情感時，我們就不再需要用輕蔑作為武器來保護自己了。另一方面，只要我們輕視別人，同時卻高估自己的成就（「他做不了只有我才能做的事」），就不會為「只有取得成就才能得到愛」這個事實感到悲傷了。如果我們逃避體驗這種悲傷，就意味著我們基本上仍然是被輕蔑的人，因為我們輕蔑自己內心所有不偉大、不良和不夠聰明的一切，如此一來，我們就使自己的童年永久孤獨了：我們看不起弱小、無助和不知所措——簡言之，就是蔑視那個活在我們自己和別人心中的小孩。

那些自大的成功人士對別人的輕蔑，永遠包含著他們對真實自我的不尊重。他們的不屑態度意味著：「沒有我這些出眾的特質，人簡直一文不值。」其引伸的意義是：「沒有我的這些成就、天分，我就永遠不會被人愛，也沒被愛過。」這樣的成年人心中的自大，保障了他「我是被愛的」的幻覺得以持續。

約翰的夢，展現了如何擺脫這種令人迷茫和苦惱的自我背叛行為。

約翰四十八歲，由於無法擺脫一個痛苦糾纏他的夢，再次前來求助治療。在夢中，他站在一個位於沼澤地帶的瞭望塔上，而沼澤位於他非常熟悉的一個小鎮邊緣。在現實中，那個小鎮並沒有這個塔，但它卻清清楚楚地出現在病人夢中的景色裡，並且讓他覺得非常熟悉。從塔上，雖然可以看到美麗的景色，但卻感到難過和被人遺棄。塔內有一個電梯，但是要得到登塔的許可證卻困難重重，通向塔頂的路也非常難走。這個夢反覆出現，每次他都有被人拋棄的感覺。

直到治療過程中有了許多其他的改變，約翰的夢才出現不同的內容，最後終於發生了關鍵性變化。

在夢中，約翰先是驚奇地發現他已經有了登塔的許可證，但是塔卻已經被拆除，風景也不復存在。相反地，他看到了一座連接沼澤地和小鎮之間的橋，這樣他可以步行到小鎮上去。在那裡，他不是看「所有的東西」，而是「近距離地看某些東西」。約翰，這個患有電梯「懼高症」的人，現在不知為何不再害怕了，因為搭乘這個電梯曾使他極度焦慮。

談到這個夢，他說他也許將不再凡事都面面俱到，必須看到所有的一切，總是要第一名，總比別人更聰明。現在他可以像別人一樣用腳在地上走路了。

更讓約翰吃驚的是，他後來夢見自己忽然又一次乘坐了塔內的電梯，就像坐在一把被向上拉的椅子裡一樣，一點都不感到害怕，甚至覺得很好玩。從塔的頂層走出來之後，他驚奇地發現了一個五彩繽紛的世界包圍著他。他站在一個高原上，從那兒可以看見山谷。高原上也有一個小鎮，還有一個擺滿彩色陶器的市集；另外還有一個學校，裡面的小孩正在練習芭蕾舞，他也可以進去參加（這曾是他童年的願望）；許多分成小組的人正在討論事情，他與他們同坐，並加入了討論。他感覺自己已按照真實的自我融入了這個社會。

雖然這個夢表達的是他的願望而不是現實，它卻表現了他真實的需要：不論他成功與否，都能被人愛，也能去愛別人。這個夢給了他非常深刻的印象。他說：

我以前所做的關於塔的夢，表達了我被隔絕和孤獨的心境。在家裡，我是老大，凡事總是走在弟妹前面。我的智力超越父母，在所有與智力有關的事情上，我總是所向無敵。而在另一方面，我卻必須炫耀自己的知識，以讓人重視；但在此同時，我又必須隱藏它，否則我的父母就會說：「你已經學到昏了頭。就因為你有機會去學習，你就認為自己比別人強嗎？沒有你母親的犧牲和你父親的辛勤工作，你根本不可能有這一切。」這些話使我感到愧疚，所以又試圖掩蓋我與別人的不同和我的興趣、天賦。我想和別人一樣。我根本無法誠實面對自己，尊重那個真實的我。

所以，約翰就去尋找他的塔，並努力與各種障礙做奮鬥（在登塔的途中，得到許可證的困難和他的恐懼，等等），但當他登上塔頂之後（暗示他比別人更聰明），他卻感到孤獨和被人拋棄。

一個普遍而眾所周知的矛盾是：家長對子女的成就一方面抱持著心有不甘和

競爭的心態，同時卻又強烈要求他取得最高的成就，並對他的成就感到驕傲。因此，約翰就必須去尋找自己的塔，也必然面臨阻礙。逐漸地，他對來自成就和緊張造成的壓力產生了反感，所以在第一個夢中，塔就消失了。他可以放棄居高臨下俯視一切的自大幻覺，並能夠近距離地仔細觀看他心愛的小鎮（意味著審視他自己的內心）。

直到現在他才明白，是他的輕蔑，使他被迫將自己與別人隔離，同時也與他的真實自我隔絕——至少是與他無助和猶豫不決的那個部分。

隨著一個人開始對不可逆轉之事物感到悲傷，輕蔑將會陸續地消失，它也有自己的方式去否認過去的事實。首先，認為別人不理解自己是因為他們的想法愚不可及，這樣做可以減輕自己的痛苦。他因此可以努力向別人解釋自己，並且保留住自己總會被人理解的幻覺（「如果我能表達清楚就好了」）[5]。但是，如果他放棄了努力，他就必然能意識到，尋求被理解是不可能的，因為父母對他們自己童年需要的壓抑，造成了他們對子女的需要視而不見。

即使是對自己的做法保持警覺的父母，也不總是能理解子女，但是，他們會尊重小孩的情感，即使他們並不能理解它們。如果沒有了這種尊重，小孩為了避免痛苦真相，就會在各種意識形態中尋求庇護。民族主義、種族主義、法西斯主義等，只不過是以意識形態做偽裝，無意識地逃避曾經被人輕蔑的痛苦，並由此逃進最危險的、對人類生活最具破壞性的蔑視——這種蔑視經常以一種經過美化的政治理想示眾。從前那施展在無助的小孩們身上的隱蔽殘酷，現在則更露骨地表現在這種「政治」團體的暴力行動之中。但是，它那隱藏在童年和對小孩完全無視中的根源，不僅被這些團體的成員，也被整個社會徹底封鎖和否認了。

5 能表現這個毀滅性過程的例子包括荷蘭畫家梵谷（Van Gogh），他曾無比輝煌卻又如此失敗地以一切可能的方式追求過母親對他的愛。

擺脫輕蔑，尊重生命

受輕蔑小孩的悲劇並不只是透過性變態、強迫行為、和尋求意識形態庇護等方式表現，有太多的時機可以洩露童年痛苦的家庭氣氛，譬如有些人從不大聲或憤怒地說話，看上去總是得體又高尚，卻仍然明顯給人一種可笑、愚蠢和譁眾取寵的感覺，或是與他們的形象相比顯得太庸俗的印象。他們對此毫不知情，也不是故意要這樣做。他們洩露出來的，是他們從來意識不到的、來自他們父母的態度。這些人的小孩對指責別人尤其感到為難，直到他們在治療中學會這種需要。

還有一些人看上去非常友善，感覺很會保護人，但你卻會在他們面前感到自己什麼也不是。他們向人傳遞出一種感覺，好像他們才是唯一存在的人似地，只有他們才會說出有意義或有價值的話，其他的人都只有站在一旁出神羨慕的份兒，或失望走開，為自己的無價值感和不知如何在這人面前表達自己而難過。這些人可能是自大的父母的小孩，他們小時候沒有機會與父母競爭，長大以後，便無意識地把這種輕蔑的氣氛傳播到周遭人身上。

還有一些人給我們一種很不同的印象：小時候，他們在智力上超越父母很多，因此被他們羨慕，卻又因此不得不獨自解決問題。這些讓人感覺理智且有意志力的人，似乎也會要求我們用理智的方法揚棄任何柔弱的情感。在他們面前，我們會覺得自己不能被認為是一個有問題的人——就像他們自己的問題從來不被他們的父母承認一樣，因為在父母面前他們總必須是堅強的。

了解這些案例，我們就不難理解，為什麼有些明明能清楚表達自己的教授或作家，卻偏要使用複雜和神祕的語言，讓學生或讀者只能懊惱地尋找一些用處不大的觀點。學生們所體驗的情感，很像是他們的老師曾經在與父母的關係中被迫壓抑的。如果這些學生有一天也成為老師，他們就有機會將這種無用的知識視為價值連城的珠寶（因為他們付出了太大的代價），再傳授給他們自己的學生。

如果我們能夠意識到，父母那具有危害性的行為模式是如何在我們內心產生影響，它就會對治療工作的順利進行帶來很大助益。但是，要想從這些模式中解脫，我們僅有思想上的認識是不夠的：我們需要在內心以對話的方式與父母進行情感上的交流。

當病人真正從情感上解決了他童年經歷的問題，並因此重獲真正活著的感覺時，治療的目的就達到了。此後，不論何時，他感到過去的情感又被眼前的事件觸發時，他將能夠使用自己已經掌握的工具來應對。隨著時間發展，他將越來越有效地使用它們，為此花費的時間也會越來越少。他生活的「地圖」就在手邊，可隨取隨用。

治療師必須讓病人自行決定：他是否需要找一個穩定的工作？是想獨自生活還是找一個伴侶？是否想加入一個政黨？如果是，加入哪一個政黨？所有決定都必須由他自己下。他的生活經歷、各種體驗，以及從中學到的種種，都將影響到今後生活樣貌。治療師並沒有責任幫病人「提升社交能力」，或者「提升自我意識」（甚至在政治上也不行，因為任何形式的教育都是對自主權的否認），也不應為他創造「交朋友的機會」，所有這些，都是他自己的事情。

當病人有意識地反覆體驗到，他的整個童年成長歷程是怎樣被掌制和破壞，而這個事實又是如何使他想進行報復時，他就能比過去更快地看穿掌控，掌控別人的需求也會減少了。如果病人願意，他將能夠加入團體，不會再次感到無助、需要依賴別人或被別人束縛，因為她已經有意識地體驗過童年的無助感和依賴感了。如果他清楚地體認到，孩提時自己曾經如何把父母說的每一個字都當成是智慧的最高結晶，他就不會再把任何人或任何制度理想化，也不會被某個教派的領袖欺騙了。每當聽課或讀書時，他也許還會再次體驗到瞬間的、昔日那種帶孩子氣的痴迷和羨慕，但是他會更迅速地察覺，並拒絕藏在那掌控和誘人的文字背後的空洞無物。一個在自身經驗的洗禮下而成熟的人，不會被蠱惑人心和不可理解的話所欺騙。最後，當有意識地經驗了整齣命運悲劇之後，他將會更清楚地體認他人的痛苦，儘管對方也許試圖隱藏。他將不再嘲笑別人的情感，不論它們的性質是什麼，因為他能夠認真對待自己，也知道如何與過往共處。他肯定不會再讓輕蔑的惡性循環繼續下去。

病人得到這樣的進展，不僅對病人本身及其家庭有意義，也會對整個社會產生深遠影響。那些透過自己的情感發現過去，並經由治療而學會如何理清它們、如何尋找真正原因，以及如何克服移情問題的人們，將不會再被迫錯誤地把仇恨發洩到無辜的人身上，以保護那些真正應該承擔這些仇恨的人。只要認為值得，他們將能恨能愛。當他們敢於正視是誰造成了自己的命運，以及它是怎樣形成的，他們就會在現實中更認清方向，以避免盲目和無意識的行動。他們的行為將不再像那個曾被虐待的小孩——那個必須保護父母，並找代罪羔羊來減輕深藏、折磨自己的情感的小孩。

未來的民主與自由發展，將取決於我們是否能邁出這關鍵的一步，是否能意識到：光是反對我們自己以外的仇恨，卻忽視這些仇恨背後發自內心的訊息，是不可能成功的。我們必須理解並去使用解決這個問題所必需的工具：感覺並理解仇恨的根源和它的合理性。只要我們對自己父母無意識的恐懼，阻塞了通往理清我們自己情感的道路，那麼我們對善意、仁慈和一般意義上的愛的追求，就都毫無意義。

有意識地體驗我們合法的情感，是一種解放，不僅因為它可以釋放我們長期積壓的緊張，更因為它能讓我們睜開眼睛，看清過去和現在的現實，並使我們從謊言和幻覺的捆綁中解脫。它將我們從前被壓抑的記憶歸還，並幫助我們去除相關症狀。所以它的力量可以改變我們，卻不具破壞性。被壓抑的情感一旦被體驗、被理解、被認識到它的合理性，就會自動瓦解了。與這些被壓抑的情感分開是可能的，它與憂鬱所包含的分裂是完全不同的。

另一方面，非法的仇恨永遠不會消失。它會改變自己的代罪羔羊，但卻總是存在，萬變不離其宗。它不可能被平息：它毒化並使靈魂盲目，吞噬記憶和心智，扼殺同情心和洞察力。它毀滅性的力量發源於早期受驚的歷史，後來被壓抑並儲存在身體裡；但是，如果沒有借助高品質的治療幫助，它不會被有意識地覺察。憎恨並冒犯無辜的人，用他作為自己的代罪羔羊，只會鞏固由迷惑、隔絕、恐懼和孤獨構成的內心牢牆，並不會使我們自由。一個建立在自我背叛之上的房子遲早會倒塌，並會無情地毀滅人類的生活——如果不是建房者自己，就是他的小孩。他們將只能感覺到那個謊言，卻意識不到，最終自己會為這個暗藏的陰謀付出全部代價。

一個能夠誠實、不自我欺騙地對待自己情感的人，沒有必要藉助意識形態來偽裝自己。今天，蓬勃興起的各種民族主義運動的基本共同點，暴露了這個事實：它們的動機與那些充滿仇恨、正在鬥爭的人民的真正利益毫不相干，相反地，它們卻與這些參與者的童年歷史有著緊密的聯繫。對兒童的虐待、羞辱和利用是世界性的，正如企圖躲避這種記憶的方法也不分地域。那些不想知道自己生活真相的人，正與社會一起共謀否認的方法，一起尋找著共同的「敵人」，藉以發洩被抑制的仇恨。但是，值此世紀交替之際，身為正日益縮小的地球的居民，自我欺騙的內在危險正在瘋狂地增加，而比起歷史上任何其他時候，我們對此都更加難以承受。幸運的是，與此同時，我們已經有了所需的工具，去發現過去和現在的真實自我。

後記

Das Drama des begabten Kindes

寫於一九九六年
新版付梓之前

一本書代替不了一個高水準的心理治療師。但是，透過接觸到自己有意識或無意識壓抑的情感，能使我們意識到治療的必要性，並走上確實有利健康的路。《幸福童年的祕密》這本書從一開始就發揮了這個作用。自從一九七九年第一次發行以來，經過了多次再版，不管世界在這些日子以來如何不停地變動，它仍然在被廣泛地閱讀。這個事實十分令人欣慰，但我仍感到有必要根據我後來的發現、領悟和進一步的思考，重新審視書中的一些觀點，並將它們與我最新的看法融會貫通。

在《幸福童年的祕密》發表後的十六年裡，我試圖向精神分析界證明「情感在人類性格發展中有著重大影響」所做出的努力，不斷獲得成效。這要歸功於我們對童年創傷經驗，以及對壓抑創傷的嚴重後果持續地有新的了解，雖然這個進展在某種程度上是導因於媒體報導，但是更主要的原因還是在於治療的努力。今天，我們也受益於神經生理學對人類大腦的研究所帶來的新觀點。根據大量的觀察和實驗，安東尼奧·達馬西奧（編案：Antonio Damasio，西方腦神經科學家），著名的《笛卡爾的錯誤》（Descartes' Error, 1994）一書的作者，證明了那些在意外事故或手術治療中

（如切除腦瘤等）失去了大腦情感中樞的人，不但失去了感知情感的能力，同時也失去了做決定和組織自己生活的能力。不論大腦其餘的部分是如何運作正常，也不論心理測驗如何證明他們的智力沒有受到絲毫影響，這些大腦中主管感覺和行動的功能，仍然受到了很大的破壞。因此，為了能夠組織自己的生活，人們必須要有與自己情感溝通的管道。

在我看來，這個結論對於理解童年創傷似乎特別有意義。對於那些我在《幸福童年的祕密》裡所描寫的，從來沒機會發展自己情感生活的孩子們來說，神經生理學又是怎樣看待的呢？我們是否能說，這些小孩的問題來自一個事實：即他們不能（或不能完全）發展大腦中使我們能關心自己和他人的那部分功能？《幸福童年的祕密》中的臨床案例似乎都證實了這個假設，但是確切結論還有待更多的研究去證實。這又正好幫助我們理解，為什麼許多受過虐待和忽視，在很小的時候就必須否認、壓抑真實情感的小孩，長大後在保護和照顧自己上面臨重重困難？又或者，為什麼他們當中許多人的行為總是充滿破壞性、缺少理智，但智力卻絕對正常？要想有理智的行為，他們必須能夠與自己真實的情感和真正的自我溝通。

與那些大腦在意外或手術中受到不可恢復的傷害的人不同的是，在童年受到過殘酷對待和虐待的人，事實上可以在成年以後發展出感覺的能力。研究人員驚訝地發現了人類大腦的靈活性，以及它對身體缺失部分所發生的補償作用。這解釋了為什麼在有些情況下，透過治療能讓人重新獲得情感，發展正面的行為，並改善照顧自己和子女的能力。但是這也並非絕對，有些人（這代表了這些結論的相對性）儘管經過長期的「情感治療」，卻似乎注定反覆地活在童年創傷裡。想徹底理解這些狀況，我們還需要更多對憂鬱、否認和痊癒問題的經驗、反思和根據。

腦科學研究對此有幫助嗎？只能留待時間證明。我們現在可以說是，最新的科學發現肯定了一個許多治療師從經驗中得知的事實：即理智的、具有建設性的行為不僅取決於智力功能的完好，同時也取決於我們能夠與真實情感溝通的程度。技術永遠也不能代替大腦的情感功能，因此，現在正是我們積極探索情感的最佳時機。直到最近，心理學一直很少，或根本不注重情感的研究，彷彿情感是禁忌，是讓人失敗的根源，還可能是恐懼的源頭。現在，情況改變了，情感已經成為許多心理學研究的課題。我們只能希望，將來的小孩們能從很小的時候就被鼓勵學會認真地對待自己的情感，理解它們、接受它們——不管是在家裡或是學校。

我曾批評精神分析學說只注重思想層面，並強調情感經驗在個人的心理和思想發展中的重要性。當這本書在七〇年代後期第一次發行時，歐洲幾乎還不知道美國已經實施的新治療方法。這些方法集中在改變病人的情感上，現在早已從美國傳到了歐洲。過去幾年裡，我們確確實實觀察到，許多不同的治療方法被廣泛運用，迅速發展，譬如身體療法、生物能量療法、完形療法以及原始療法等等，都還只是眾多標誌著新發展的新名詞中的一些。在許多情況下，只要能讓病人體驗到自己的情感，讓他們釋放身體裡曾承受的壓力，治療就可以取得顯著成效。而在另外一些情況下，治療的結果，卻是讓病人對痛苦情感產生上癮，而這又強化了他對治療師的依賴。

例如在黑暗的房間裡進行治療，還有原始療法的激烈狀態，都大大地鼓勵了退化行為（編案：regression，指心理活動退回較早階段的年齡水準），有時甚至會導致病人完全無助，並伴隨對治療師不加思考的全面理想化。這種把人變成小孩的做法，將置病人於一個極易受傷害的處境，使他們容易被敏感度低劣的治療師利用。所有的治療過程，特別是面對早年的心理創傷，都會要求參與治療的治療師要能高度勝任並身心統一。結合這些品質，可以使病人全面地發揮他所需的技能、天賦和能力，以及療癒自己的潛力，並將這一切積極地使用在體驗對所失去的一切的悲傷的過程。如果這個病人不是這樣被對待的，他就很容易受到極端形式的掌控，不只是我們所熟悉的教派，還有許多所謂的治療中心，這些治療中心本身就呈現了教派的結構，而今急劇增加著。

幸好，正面的發展也在發生。新的治療法儘管容易被誤用，卻不意味著它們不能在完全誠實的情況下被使用（例如，用謹慎和接納的態度對待批判性的相對事物）。精神分析中對待移情和反移情的經驗，也體現了這種努力，因為今天的精神分析師對許多的新治療法也比過去更加熟悉了。那些受過不同治療法訓練的分析師，也許可以協助制止對造成退化行為的療法被過度、失控地誤用。這個方向的努力已經獲得進展，一個越來越明顯的事實是，當今的精神分析正在避開過去關於童年早期經驗方面的刻板觀念，且不再無條件地認同佛洛伊德的觀點。儘管許多正統的精神分析師對於改變觀念仍猶豫不決，但是我們對於童年創傷對成年人情感生活影響的了解，確實讓精神分析師們更願意使用多元的治療方法，並因此提高了工作品質。

要我推薦一種更好的治療方法，或者去追究某一個治療師的責任，都是不可能的。這個責任必須完全由讀者自己來承擔。一九九五年四月我在一次訪談中被問到，如果要為自己尋找一個治療師，應該注意什麼？我的回答如下：

成人不同於小孩，他能支配理智思維，也有各種方式免費得到所需的訊息。如果他願意，就可以好好利用這些資源。當他決定避開某種從一開始就讓他感到無助無力的療法時，其實就是一個很好的機會，讓他了解治療師的人格和訓練背景等必要資訊，然後決定是否要接受會令他退回童年狀態的退行性療法。在第一次會面時，他其實可以不必因為想要了解治療師為什麼選擇這個專業、背景是什麼以及過去做過什麼事而感到惴惴不安。但不幸的是，大多數病人都不問這些問題，儘管並沒有人阻止他們這樣做。其實他們可以做很多使情況清楚的事情，但是他們卻覺得自己無權過問，像個毫無自信的小孩般漫步到第一次面談裡，不想惹惱誰，反而為自己沒有再次被人送走而慶幸。帶著這種態度，他們必然將治療師體驗為一個慈愛的母親或專橫的父親、牧師或上帝。他們會做出一切努力去爭取一個「美好的結局」，並因為「表現好」而得到被愛和讚賞的獎勵。這樣做的後果我已經在《幸福童年的祕密》裡描述了。這個成年人重新使用了他小時候的求生武器，出賣了真實自我，丟棄理智和批判能力，相信並希望他將會因為自己的合作和取悅的態度而得到某種類似愛的回報。

我們需要的，是確定自己的治療師是誠實的。我可以從尋找事實中發現這一點，且這麼做時並不會受到任何形式的阻礙。許多人害怕事實，情願只相信他們願意相信的事情，但是還有一些人想知道，他們是否面對著一個想要蒙蔽他們的治療師。弄清楚這一點是完全有可能的，因為有許多跡象都可以說明。不過問題是，往往正是這些最需要幫助的病人，情願忽視這些跡象。

如果我今天必須選擇一個治療師，我首先會問：他是不是一個能夠尊重我的自主權的人？這個治療師是否能隨時向我提供確實可信的情況，以及那些他顯然提供過永久性幫助的人們的地址？他是不是一個能夠給我滿意和誠實的回答的人？他是不是一個隨時願意進入一個公平、透明的合作治療關係，願意傾聽批評、敢於面對事實、承認治療中出現的不一致性、並且不空口許諾不可能之事的人？

除了選擇合適的治療師以外，還有什麼是治療成功不可或缺的因素呢？很多。但是對某些人來說，最為重要的就是找到開啟他們情感之門的鑰匙。對許多從童年早期就與自己情感分離的人來說，治療過程可能是他人生首次最大事件：那些在情感上被過度修正的小孩，他們的感覺能力在青春期是得不到發展的。強烈的、令人愉悅的情感是否能夠激發這種能力的獲得？根據美國弗吉尼亞州羅頓市的一個罪犯收容所的報告，他們曾讓一組危險的罪犯在自己的牢房內照顧小動物，結果他們當中只有百分之二十的人再次犯罪，而在那些沒有給予這種「情感學習」的罪犯中，再犯率則達到百分之八十。這些統計數字告訴我們：這些從小就與自己的情感分離，並因此毀了自己和別人生活的人，實際上可以發展出對其他生物的情感。這個經驗使他們有可能不再為自己需要愛的這個事實做出防衛，能夠感覺到這種需要，並從照顧其他生命中感受到被愛，使他們重新獲得部分自我尊重，發展出對現實更敏銳的感覺。結果是，他們可以做出更多符合人性的決定。

這調查結果，相對地證實了我曾公開的假設：要打開情感的閉鎖，就必須體驗早期被壓抑的痛苦。我們目前掌握的知識尚未能絕對地肯定這個假設，事實上，其它對於接近情感的系統研究方法，也還沒有得出令人滿意的結果。情感是人類天生的，回應外界刺激的能力，我們對於失去、侵犯和危險的反應為憤怒、恐懼或是悲傷；對於關愛、喜歡、溫情和興奮的反應是愛和愉快。就像關於美國犯人的故事，或是《幸福童年的祕密》裡的瓊安娜和安的故事（編案：見本書第二篇，〈愛的幻覺〉一節）所彰顯的，所謂積極的、體貼的情感也會因為生存的需要受到抑制。如果在《幸福童年的祕密》裡我傾向使用「情感」這個詞，那麼我既是指人天生的（最主要的）情感，也包括小孩在後天成長過程中獲得到的情感，譬如羞恥、內疚、嫉妒、羨慕等。

有些人較幸運，能建立一個美好和諧的關係，他們或許能藉著這個關係的幫助，療癒自己的傷痛，或依靠它得到必要的力量，在主動哀悼童年經歷的過程中，有意識地面對自己曾失去的一切。另外一些人可能沒有這麼幸運，但是他們也許能在創造性的活動中找到愉悅的情感源泉和表達方式。自我表達，無論是透過歌曲、音樂、寫作、繪畫或雕塑，都是令人愉快的。讀了達馬西奧的書，我完全可以想像，面對自己被壓抑的創傷，是發現和熟悉自己那強烈的情感世界的多種可能性之一。透過不同方式來自我發現，好處在於，它們具有建設和滋養心靈的作用，可以撫平過去的痛苦（如果這確實是有必要）。不過，有時候，過往的傷痛會在一個特定的現實中被淡化，並失去重要性，因為這種現實為他提供了自由表達的機會，最重要的是，與他當下的感受和情緒保持密切接觸的機會。

我曾經花了很長時間想要全面地探索我童年的歷史，但現在我認為那是傲慢自大的。我們的大腦就像電腦，有著無數的程式。我們怎麼可能全部掌握，或斷言一種治療方法就可以抹掉所有寫進我們早期成長過程的程式？而今，就算治療過程長達一百年，這對我似乎都是不可能的事了，但我們卻可以去發現，在這些程式中，哪些對我們發生作用，哪些則發生了負面作用。小孩做不到這一點，但成年人至少可以嘗試去做。只有當我放棄「全面探討」我童年歷史的想法之後，我才看到了其它的不同發現。讀者的來信告訴我，其他人也找到了他們自己的發現，而我完全相信他們有這個能力。

愛麗絲．米勒，一九九五

【附錄二】

積極終止對孩童施暴

這是我一九八四年寫的一篇文章，經常被不同的報紙轉載。現在我將之附於書後，也許有助於那些沒有讀過我早期著作的讀者。

一六一三年，當迦利略（Galileo Galilei）為哥白尼的理論提出數學證據，以證明地球是繞著太陽公轉時，被教會指責為「錯誤和荒謬的」。迦利略被迫放棄了他的學說，後來很可能因此導致雙目失明。直到三百年之後，教會才決定放棄自己的幻覺，並將迦利略的著作從禁書目錄中刪除。

現在，我們發現自己正置身於一個類似迦利略時代教會的處境，然而，卻有著更多懸而未決的問題等我們面對。我們選擇服從事實還是服從幻覺，對於人性是否能繼續存在，要比十七世紀的更為關鍵。近年來有證據顯示，虐待兒童的災難性影響，會對社會帶來毀滅性的重創：造成令人無法置信的暴力氾濫，並使虐兒行為世代相傳——但這是一個迄今仍被禁止認識的現象。這個事實不但與我們每一個人有關，而且，如果能夠得到廣泛宣導的話，應該會帶動社會根本性的變化——首先，就是遏制正在盲目升級的暴力行為。下面列出的要點進一步闡明了我以上的論述：

1. 所有小孩的出生，是為了成長、發展、生活、愛，並且，出於自我保護，能夠明確地表達自己的需要和情感。

2. 為了小孩的發展，成人必須尊重和保護他們，認真對待他們、愛他們，並真誠地幫助他們清楚認識所處的世界。

3. 當這些對小孩來說攸關生命的需求受到阻礙，而他們又為了成人的需要而遭受虐待——成人對他們進行剝削、打罵、懲罰、利用、掌控、忽視、欺騙，卻沒有任何證人可以作證時，他們的身心完整將會受到永久的創傷。

4. 對這種傷害的正常反應應該是憤怒和痛苦；但是，由於小孩身處極易受到傷害的環境，他們不可能表達自己的憤怒；同時，由於孤獨地體驗這些痛苦，是不堪忍受的，所以他們被迫壓抑自己的情感，將所有的創傷記憶壓入潛意識，並將有罪的施虐者理想化。後來，他們就會失去對發生在自己身上事情的記憶了。

5. 因為與原始的原因斷了聯繫，他們憤怒、無助、絕望、渴望、焦慮、和痛苦的情感，將會透過對別人的破壞行為表達（如犯罪行為、大規模屠殺），或是透過以自己為敵的方式表現出來（如吸毒、酗酒、嫖妓、精神紊亂、自殺）。

6. 如果這些被虐待的小孩後來成為父母，他們將會經常在自己的孩子身上報復童年受到的虐待，把他們當作代罪羔羊。只要虐待兒童的行為仍可以被定義為一種教育方式，它就仍然會被我們的社會推崇和認可。可悲的事實是，父母在打罵自己的小孩時，實際上是為了逃避他們小時候被自己父母虐待時內心所產生的情感。

7. 如果要避免讓受虐孩童變成罪犯或精神不正常的人，那麼在他的一生中，至少應該有一次與這樣的人有聯繫：這個人堅定不移地了解到，該對一切負責的並不是無助受害的小孩本人，而是小孩的生長環境。在這一點上，社會對這個事實的知情或無知，對於拯救或毀滅一個人有著關鍵性作用。對於親屬、社會工作者、心理治療師、老師、醫生、精神科醫生、政府官員、以及看護人來說，他們有著最好的機會去支持並且相信小孩。

8. 直到現在，社會都一直在保護著成人而譴責受害人。這一盲目狀態得到理論的支持，與我們前輩的傳統教育原則完全一致；這些原則認為兒童是狡猾的東西，被邪惡的動機所主宰；他們編造謊言並攻擊他們無辜的父母，或對他們有性方面的企圖。在現實中，小孩總是因為父母的殘酷行為而責備自己，為父母的責任開脫辯解，並始終如一地愛著他們。

9. 近年來，由於新治療方法的使用，我們已經能夠證明：受壓抑的童年創傷經驗被儲存在身體內部，雖然處於無意識狀態，卻在成人時期，仍發揮著影響力。此外，一個過去大多數成人不甚知道的子宮電子測試的結果發現：小孩從生命的最早期，就能對溫情和殘酷有所感知，並能對它們做出反應。

10. 根據這個新發現，當童年的創傷性經驗不必再躲避在黑暗中之後，即使是看似最荒謬的行為，也會暴露出它早期隱藏著的動機邏輯。

11. 如果我們能敏感於小孩們所遭受的、一直被普遍否認的殘酷虐待及其影響，將必然終止這些代代相傳、周而復始的暴力行為。

12. 那些身心完整，在童年沒有受到傷害的人，即那些被保護、尊重、並受到父母坦誠對待的人，他們在青年及成年後的生活中將是聰明、有反應能力、有同情心、並且高度敏感的。他們將享受生活，不會感到有去殺人、或是傷害別人或自己的需要。他們會用自己的力量來保護自己，但不會去攻擊別人。對於比自己弱小的人，包括自己的小孩，他們一定會尊重並保護他們，因為這是他們從自己的經驗中學到的，這個知識（而不是對殘酷的經驗）從一開始就儲存在他們的體內。這些人將無法理解，為什麼他們的前輩必須建立龐大的戰爭工業，才能讓自己安心和安全地活在這世界上。由於他們不必終生背負無意識地逃避早年恐嚇經驗的命運，所以能在成年生活中，更理智、更積極地應對任何對他們恐嚇的企圖。

【附錄二】

理解孩童的處境：引自《你不該知道》後記

只有擺脫教育趨勢，才能理解孩子的真正處境，此種理解可歸納為下面數點：

1. 小孩永遠是清白無辜的。
2. 每個孩子都有些絕不可少的需求，尤其是安全感、保障、保護、接觸、真誠、溫暖與柔情。
3. 這些需求很少獲得滿足，反而常常被成年人為了他們自身的目的而剝削（兒童性侵害所造成的創傷）。
4. 性侵害所造成的後果會持續一輩子。

5. 社會會站在成人這一方，小孩則因自己所遭受到的對待被指責。

6. 小孩成為犧牲品的這項事實會一如既往地被否認。

7. 成為此種犧牲品的後果會因此而被人忽視。

8. 被這個社會孤立的孩子除了壓抑創傷並將施暴者理想化以外，沒有其他選擇。

9. 壓抑會造成精神官能症、精神病、身心障礙，並導致犯罪行為。

10. 精神官能症會壓抑、否認自己的需求，取而代之的則是覺得有罪惡感。

11. 精神病會使虐待轉變成一種妄想。

12. 身心障礙者會去忍受虐待造成的痛楚，但造成此苦楚真正的原因卻被掩蓋了起來。

13. 混亂迷惘、誘姦與虐待會透過犯罪行為不斷地重複被發洩出來。

14. 只有在患者童年的實情未遭到否認的狀態下，心理治療才能開花結果。

15. 有關「兒童性慾」的心理分析學說支持著社會的盲目態度，合理化性侵害兒童的行為，該理論對孩子提出控訴，對成人則加以維護。

16. 幻想是為了活下去，幻想有助於將童年時期無法承受的事實表達出來，並將之隱藏、忽視，這種所謂的「捏造出來的」幻想事件或創傷總是會遮掩住真正的創傷。

17. 幼兒時期被壓抑的經歷常以象徵性的形式出現在文學、藝術、童話與夢境之中。

18. 由於我們對孩子真正的處境長期處於無知的狀態下，因此這些象徵性的折磨證據不僅在我們的文化當中被容忍著，甚至還被賦予了很高的評價，這些加了密的鐵證的真實背景如果被揭發，社會也不會承認。

19. 施暴者與犧牲者的盲目與混亂並不會因犯罪行為的後果而被揭發出來。

20. 當犧牲者開始看清，才可能阻止新的犯罪行為發生，並因此擋下或減弱去重複的慾望。

21. 藉著明確而堅決地揭露出隱藏在童年事件當中的認知來源，這些報導故事原則上可以幫助社會上有相同遭遇之人改變他們的意識，其中科學領域尤是。

本文引自愛麗絲．米勒另一名作《你不該知道》後記

（林硯芬／翻譯）

【附錄三】

延伸閱讀

◎愛麗絲．米勒著作英譯本列表

- *The Drama of the Gifted Child*（1980，即本書《幸福童年的祕密》）
- *Prisoners of Childhood*（1981）
- *For Your Own Good: Hidden Cruelty in Child-Rearing and the Roots of Violence*（1983）
- *Thou Shalt Not Be Aware: Society's Betrayal of the Child*（1984）
- *Banished Knowledge: Facing Childhood Injuries*（1991）
- *The Untouched Key: Tracing Childhood Trauma in Creativity and Destructiveness*

（1991）

· *Pictures of a Childhood: Sixty-six Watercolors and an Essay*（1986）

· *Paths of Life: Seven Scenarios*（1999）

· *Breaking Down the Wall of Silence: The Liberating Experience of Facing Painful Truth*（1991）

· *The Truth Will Set You Free: Overcoming Emotional Blindness*（2001，中譯本將由心靈工坊出版）

· *The Body Never Lies: The Lingering Effects of Cruel Parenting*（2005，中譯本將由心靈工坊出版）

· *Free From Lies: Discovering Your True Needs*（2009）

◎心理大師經典著作

·《小漢斯：畏懼症案例的分析》（2006），西格蒙特·佛洛伊德（Sigmund

Freud），心靈工坊。

- 《狼人：孩童期精神官能症案例的病史》（2006），西格蒙特・佛洛伊德（Sigmund Freud），心靈工坊。
- 《鼠人：強迫官能症案例之摘錄》（2006），西格蒙特・佛洛伊德（Sigmund Freud），心靈工坊。
- 《愛、罪疚與修復》（2009），梅蘭妮・克萊恩（Melanie Klein），心靈工坊。
- 《兒童分析的故事》（2006），梅蘭妮・克萊恩（Melanie Klein），心靈工坊。
- 《兒童精神分析》（2005），梅蘭妮・克萊恩（Melanie Klein），心靈工坊。
- 《嫉羨和感恩》（2005），梅蘭妮・克萊恩（Melanie Klein），心靈工坊。
- 《給媽媽的貼心書：孩子、家庭和外面的世界》（2009），唐諾・溫尼考特（Donald W. Winnicott），心靈工坊。
- 《遊戲與現實》（2009），唐諾・溫尼考特（Donald W. Winnicott），心靈工坊。
- 《塗鴉與夢境》（2007），唐諾・溫尼考特（Donald W. Winnicott），心靈工坊。

◎其他參考閱讀

・《受傷的醫者：心理治療開拓者的生命故事》（2014），林克明，心靈工坊。
・《小大人症候群》（2013），約翰・弗瑞爾（John. C. Friel）、琳達・弗瑞爾（Linda. D. Friel），心靈工坊。
・《被出賣的童年》（2013），喬爾・巴肯（Joel Bakan），天下雜誌。
・《解鎖：創傷療癒地圖》（2013），彼得・列文（Peter A. Levine），張老師文化。
・《失落的童年：性侵害加害者相關的精神分析觀》（2012），約翰・伍茲（John Woods），心靈工坊。
・《創造性治療：創傷兒童的實務工作手冊》（2012），凱西・瑪契歐迪（Cathy A. Malchiodi），學富文化。
・《創傷之源起：透視兒童虐待與精神疾病之問題》（2012），江建勳，台灣商務。

- 《人類發展：兒童心理學》（2011），黛安娜、巴巴利亞（Papalia, Diane E）、莎莉、歐茨（Olds, Sally Wendkos），科技圖書。
- 《心靈治癒生命的八個階段》（2011），馬修・林恩（Matthew Linn）等，上智。
- 《壞女兒》（2010），朱絲婷・李維（Justine Levy），台灣商務。
- 《精神分析歷程》（2009），唐諾・梅茨爾（Donald Meltzer），五南。
- 《拯救莎曼珊：逃離童年創傷的復原旅程》（2009），莎曼珊・薇佛（Samantha C. Weaver），心靈工坊。
- 《依附關係的修復：喚醒嚴重創傷兒童的愛》（2007），修思（D.A. Hughes），心理。
- 《創傷治療：精神分析取向》（2007），卡洛琳・格蘭（Caroline Garland），五南。
- 《哈利波特與神隱少女：進入孩子的內心世界》（2006），山中康裕，心靈工坊。

・《家暴自療30：偉偉的黑色日記》（2005），黎詩彥，葉子。
・《兒童與青少年精神健康問題：觸動與關懷》（2005），趙雨龍、秦安琪，心理。
・《沙遊療法與表現療法》（2004），山中康裕，心靈工坊。
・《孩子，別怕：關心目睹家暴兒童》（2004），貝慈・葛羅思（Betsy McAlister Groves），心靈工坊。
・《心理史學》（2001），張廣智、周兵，揚智。
・《尋找天堂的天使：受虐兒的故事》（1998），中華兒童福利基金會，平安文化。

〔引用著作說明〕

為了維護《幸福童年的祕密》一書的原貌，並使它的內容能被心理學相關專業以外的讀者所接受，我在這本書裡盡量不使用過多的參考書。但是對書中內容感興趣的專業人員，可以針對某些特定的主題參考我在《幸福童年的祕密》第一次出版以後寫的書。

1. 關於治療中的掌控問題，《你不該知道》（英譯：*Thou Shalt Not Be Aware: Society's Betrayal of the Child*）這本書進行了專門深入的探討，涉及到各種我認為是具有掌控性的具體治療技術。

2. 關於掌控和童年虐待問題是《全是為你好》（英譯：*For Your Own Good: Hidden*

Cruelty in Child-Rearing and the Roots of Violence）一書的主題。我用眾所周知的例子證明了我關於系列犯罪和吸毒的根源看法。

3. 改寫《幸福童年的祕密》的目的，首先是為了讓人們意識到這樣一個事實：即只要一個人迴避從情感上面對自己的過去，那麼讓他接受或向他提供治療幫助都是不可能的。這一點，我覺得說得越清楚越好，因為藉助理論上的、宗教上的、假科學的、以及那些總是具有掌控性的觀念來逃避一個人獨有經歷的傾向，正繼續成為流行的做法。我希望我對於某些「治療方法」相當明確的描述，加上讀者來自自我治療的經驗，將使他們更加警覺，並在將來遇到這些誤導人的觀念時，自己就能辨認。

Psychotherapy 038

幸福童年的祕密

Das Drama des begabten Kindes

作者—愛麗絲・米勒（Alice Miller）　譯者—袁海嬰

出版者—心靈工坊文化事業股份有限公司
發行人—王浩威　總編輯—徐嘉俊
執行編輯—趙士尊　內頁排版—李宜芝　封面設計—蕭佑任
通訊地址—10684台北市大安區信義路四段53巷8號2樓
郵政劃撥—19546215　戶名—心靈工坊文化事業股份有限公司
電話—02）2702-9186　傳真—02）2702-9286
Email—service@psygarden.com.tw　網址—www.psygarden.com.tw

製版・印刷—彩峰造藝印像股份有限公司
總經銷—大和書報圖書股份有限公司
電話—02）8990-2588　傳真—02）2290-1658
通訊地址—248新北市新莊區五工五路二號
初版一刷—2014年9月　初版十三刷—2023年9月
ISBN—978-986-357-011-0　定價—300元

國家圖書館出版品預行編目資料

幸福童年的祕密 / 愛麗絲.米勒(Alice Miller)著；袁海嬰譯.
-- 初版. -- 臺北市：心靈工坊文化, 2014.09.　面；　公分

譯自：Das Drama des begabten Kindes - Eine Um - und Fortschreibung

ISBN 978-986-357-011-0(平裝)

1.兒童心理學　2.兒童教育　3.心理治療

173.1　　103016025

心靈工坊 PsyGarden 書香家族 讀友卡

感謝您購買心靈工坊的叢書，爲了加強對您的服務，請您詳填本卡，
直接投入郵筒（免貼郵票）或傳眞，我們會珍視您的意見，
並提供您最新的活動訊息，共同以書會友，追求身心靈的創意與成長。

書系編號－PT038　　書名－幸福童年的祕密

姓名　　是否已加入書香家族？ □是 □現在加入

電話（公司）　　（住家）　　手機

E-mail　　生日　年　月　日

地址 □□□

服務機構／就讀學校　　職稱

您的性別—□1.女 □2.男 □3.其他

婚姻狀況—□1.未婚 □2.已婚 □3.離婚 □4.不婚 □5.同志 □6.喪偶 □7.分居

請問您如何得知這本書？

□1.書店 □2.報章雜誌 □3.廣播電視 □4.親友推介 □5.心靈工坊書訊
□6.廣告DM □7.心靈工坊網站 □8.其他網路媒體 □9.其他

您購買本書的方式？

□1.書店 □2.劃撥郵購 □3.團體訂購 □4.網路訂購 □5.其他

您對本書的意見？

封面設計	□ 1.須再改進	□ 2.尚可	□ 3.滿意	□ 4.非常滿意
版面編排	□ 1.須再改進	□ 2.尚可	□ 3.滿意	□ 4.非常滿意
內容	□ 1.須再改進	□ 2.尚可	□ 3.滿意	□ 4.非常滿意
文筆／翻譯	□ 1.須再改進	□ 2.尚可	□ 3.滿意	□ 4.非常滿意
價格	□ 1.須再改進	□ 2.尚可	□ 3.滿意	□ 4.非常滿意

您對我們有何建議？

□ 本人＿＿＿＿＿（請簽名）同意提供真實姓名/E-mail/地址/電話/年齡/等資料，以作為心靈工坊聯絡/寄貨/加入會員/行銷/會員折扣/等用途，詳細內容請參閱：
http://shop.psygarden.com.tw/member_register.asp。

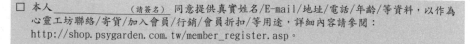

廣　告　回　信
台北郵局登記證
台北廣字第1143號
免　貼　郵　票

心靈工坊 PsyGarden

台北市106 信義路四段53巷8號2樓

讀者服務組　收

免　貼　郵　票

（對折線）

加入心靈工坊書香家族會員
共享知識的盛宴，成長的喜悅

請寄回這張回函卡（免貼郵票），
您就成為心靈工坊的書香家族會員，您將可以——

⊙隨時收到新書出版和活動訊息

⊙獲得各項回饋和優惠方案